Fee Brembeck
Feeminismus

Feeminismus

Fee Brembeck

Erste Auflage 2019

Alle Rechte vorbehalten
Copyright 2019 by

Lektora GmbH
Schildern 17–19
33098 Paderborn
Tel.: 05251 6886809
Fax: 05251 6886815
www.lektora.de

Druck: MCP, Marki
Covermotiv: Sophie Wanninger
Covermontage: Olivier Kleine, www.olivierkleine.de
Lektorat: Lektora GmbH, Denise Bretz
Layout Inhalt: Lektora GmbH, Denise Bretz
Printed in Poland

ISBN: 978-3-95461-143-0

Inhalt

Prolog im Modehimmel
Heidis Horror Picture Show

Ich werde Germany's Next Topmodel.

Weil ich es einfach verdient habe.

Ich hab mich die letzten Monate hier so angestrengt. Ich habe immer 150 Prozent gegeben. Ich bin niemand, der die Flinte einfach so in den Sand steckt, und ich glaube, dass ich das Potential stemmen kann! Weil: Der frühe Wurm mahlt zuerst, oder?

Meine ganze Leistung hier hat einfach Konstanz gezeigt, dass es noch immer Mädchen gibt, die ernsthaft Interesse daran haben, ein drittklassiges Model im Schatten von Modelmama Heidi Klum zu werden. Ich bin anpassungsfähig und nicht umsonst sehe ich aus wie sooo viele andere auch. Ich bin vielleicht nicht das klassische Topmodel, aber ich habe ein Aussehen!

Und mit meiner Anwesenheit in dieser Show helfe ich engagi... onscha... angaschi... Also: eifrig mit, die Marke Klum zu verbreiten! Ich bin hier angefangen, zu weinen, damit es Drama für die Kamera gibt, ich hab die Satzbau falsch ... gebaut und war durchgängig naiv. Und ich finde, dafür sollte man auch mal Anerkennung bekommen.

Aber nicht nur gutes Aussehen und Unterwerfungswille haben mich so weit gebracht, sondern ich habe auch sozial und menschlich viel dazuentwickelt: Ich hab hier einfach lernen dürfen, dass man andere nicht trösten soll, sondern einfach sein Ding durchziehen. Und was auch immer hinter der Kamera los war, wirklich wichtig im Leben ist – und das wurde mir hier vermittelt und allen 12-jährigen Zuschauerinnen auch –, wie man sich vor der Kamera gibt und dass man nie sein wahres Gesicht zeigt! Weil ungeschminkt einfach nicht schön ist.

In dieser Staffel habe ich Freundinnen fürs Fernsehen gefunden, mit denen ich einfach immer lästern konnte, die aber auch mal über mich geredet haben, wenn's mir mal schlecht ging.

Besonders dankbar bin ich natürlich der Jury, der Modelmama Heidi, dem sexy Thomas und dem Quotenhomo Thomas, weil sie sich wirklich aufopferungsvoll um ihre eigenen Karrieren gekümmert haben. Aber auch, weil sie hier so gnadenlos ehrlich zu uns waren und kein Brett vor den Mund genommen haben! Sie haben nicht nur klargemacht, welche Maße ein Model braucht, sondern auch, wie eine Frau aussehen muss, wenn sie in der Gesellschaft akzeptiert sein will. Denn nur ein dünnes Mädchen kann auch ein sexy Mädchen sein. Und das fand ich gut, weil ... das wussten vorher viele bestimmt gar nicht.

Ich habe hier gezickt und mich dumm gestellt, ich habe meine Schu(h)llaufbahn abgebrochen, um auf 19 cm hohen Schuhen meine Füße kaputt zu machen, zu hungern, mein Privatleben abzuschlachten und meinen Körper zum bezahlten Objekt zu machen ... All das, wofür Frauen Jahrhunderte lang gekämpft haben ... habe ich hingeworfen für ein Actionfoto im bauchfreien Lara-Croft-Look.

Ich hab mich hier nackt ausgezogen, hallo?! Ich hab mich irgendwie lasziv in Fischexkrementzen gewälzt und Blut und Schweiß geschwitzt! Ich hab wirklich von A bis C alles mitgemacht!

Denn nur eine kann Germaniiies neeext Topmodel werden, nur eine gewinnt exklusive Knebelverträge und nur eine wird in Zukunft bei Uri Geller und im Gurkenlaster zu sehen sein!

Aber wir wollen mal nicht mit Flügeln nach den Enten werfen!

Sollte ich es diese Staffel nicht sein, bleibe ich meinen Fans erhalten, ich verschwinde nicht einfach von der Mattfläche, nein, ich würde dann eben zurück zu Dieter Bohlen gehen.

Akt I

»Habe nun, ach! Philosophie,
Juristerei und Medizin,
Und leider auch Theologie
Durchaus studiert, mit heißem Bemühn.«

(J. W. v. Goethe: Faust. Der Tragödie erster Teil.)

Wahre Bildung kommt von außen

Oder: Wer schlau sein will, muss lesen

Was aber, wenn »schlau« das neue »schön« wäre?

Dann würden sich die Beauty-Vlogs auf YouTube in etwa so anhören:

»Hallihallo, ihr Süßen! Herzlich willkommen zu meinem Smartypalace! Ihr kennt das sicher alle: Die Party fängt in fünf Stunden an und ihr wollt noch mal das Superpowersmartnessprogramm durchziehen? Kein Problem mit meinem Brainspecial am Mittwoch! Die heißesten Lesetipps für die nächste Party hab ich euch hier unten in der Infobox verlinkt!«

Wenn alle immer für alles besonders gebildet statt schön wirken wollten, würden alte Menschen jungen Akademikerinnen in der U-Bahn den Platz anbieten. »Doktor vor Alter«, würden sie sagen. Und die jungen Akademikerinnen würden verlegen kichern und dann bescheiden sagen: »Naja, Gehirn liegt ja immer auch hinterm Auge des Betrachters.«

Spielerfrauen wären Professorinnen, um den niedrigen akademischen Grad ihrer Männer zu kompensieren, und nachts würden sich verheiratete Fußballfans in den Bibliotheken treffen, um heimlich die Dissertationen der Spielerfrauen zu lesen.

14-Jährige würden in den Poesiealben schreiben: »Meine Hobbys sind mit Freunden Treffen, Recherchieren und Kant.«

Die Streberinnen wären in der Schule die Coolsten und alle würden sein wollen wie sie und sich dafür die Smarty-Vlogs auf Youtube anschauen:

»Hallo, meine Lieben! Heute zeige ich euch, wie ihr in einer Diskussion sachlich und fundiert argumentieren könnt – in nur fünf Schritten!«

Wenn »schlau« das neue »schön« wäre, wären Poetry Slams der Hammer. Vor allem die Lyrik würde gefeiert und in den alternativen Clubs gespielt, weil in Mainstreamdiscos die ganze Zeit nur Ingeborg Bachmann und Heinrich Heine liefe.

Oder Oper. Die Kids würden richtig abdancen auf MC Pucchini: »O mio motherfucking babbino caro!«[1]

Es würde auch nicht der erste Eindruck entscheiden, sondern mindestens der zweite. Wenn man zum Beispiel jemanden treffen würde, der was richtig Interessantes studiert hätte und total viele Fremdwörter kennen würde und mit dem man sich außerdem total gut über die Fassungen und Deutungen von Frank Wedekinds Dramenkomplex »Lulu« und den Prototypen der femme fatale in kulturwissenschaftlicher Perspektive unterhalten könnte – dann würde man den halt ficken.

Äußerlichkeiten wären eher was fürs Näherkennenlernen. Und wenn man den dann auch noch hot fände, könn-

---

1 Vgl. Puccini, Giacomo: Gianni Schicchi. Oper in 1 Akt. Arie der Lauretta: »O mio babbino caro« (übersetzt »O mein lieber Papa«), Florenz 1918.

te man mal über den gemeinsamen Eintritt in den Schachklub nachdenken.

Manche Männer fänden das alles natürlich blödsinnig und würden mehr so auf den natürlichen Typ Frau stehen.

Aber beim Anbaggern würden sie dann trotzdem manchmal genau die Klügsten mit ihren Fragen belästigen und hinterher behaupten, das hätten die ja so gewollt, so belesen, wie die rumgelaufen wären! »Wenn Frauen nicht Nachhilfe geben wollen, sollen sie sich halt nicht so viel Wissen aneignen. Wenn da eine mit dem Altgriechischbuch unterm Arm rumläuft, braucht sie sich nicht zu wundern, wenn ich ihr meine Mathehausaufgaben hinhalte!«

Das wäre ein richtig dickes Problem, weil viele einfach nicht akzeptieren könnten, dass sich Frauen nur für sich selbst und nicht für irgendwelche Passanten bilden.

Irgendwann würde es allen gehen wie mir: Sie wären genervt davon, ständig auf ihre Intelligenz reduziert zu werden.

Klar freut man sich über Komplimente wie: »Wow, wie du den Bourdieu verstanden hast, das beeindruckt mich wirklich!«

Aber man muss es dann auch kapieren, wenn man als Frau sagt: »Sorry, lieb von dir, aber ich hab schon 'nen Lesekreis.«

Es gäbe natürlich noch andere Probleme, aber man würde sie anders lösen.

In den Zeitungen stünde zum Beispiel:

»Massendiskussion am Friedensengel. München. Am Freitagabend entzündete sich am Friedensengel eine Massendiskussion mit mehreren Vernetzten. Ein

34-jähriger Neonazi, der unabsichtlich in das Gespräch verwickelt wurde, erlitt eine schwere Gehirninfil-
tration und besucht derzeit ambulant
die Grundschule.«

Wenn »schlau« das neue »schön« wäre, würde sich für Männer vielleicht gar nicht so viel ändern.

Aber für Frauen! Weil Mädchen beispielsweise in der Pubertät keine Zeit und kein Geld mehr dafür verschwenden müssten, genauso auszusehen wie die gephotoshoppten Models in der Werbung, und dieselbe Energie darauf verwenden könnten, zu lesen und zu lernen und zu schlafen und nerdig zu sein wie gleichaltrige Jungs – und das würde vermutlich doch einiges ändern.

Wenn »schlau« das neue »schön« wäre, wären jetzt alle ziemlich begeistert von meiner gesellschaftskritischen Wendung und würden sich denken: »Gott, kann sich diese Frau gut ausdrücken!«

Aber weil hübsch eben im Moment doch wichtiger ist als schlau, verweise ich an dieser Stelle auf mein Dekolleté.

Medea
Ein moderner Mythos

Ich bin das Böse.
Ich bin die Mutter, die ihre eigenen Kinder tötet.
Ich bin die Nacht, bin vollkommene Dunkelheit.
Ich bin verletzte Liebe, panische Wut.
Ich bin der Feind.
Ich bin das Gegenteil von gut.
Ich bin das Unvorstellbare.
I am the dark side.
Aber du bist nicht das Licht.

In der Zeitung ein Bild,
ein farbloses nur.
Darauf eine Frau, der Blick fremdländisch und wild,
dunkle Locken, schlanke Figur.
Tausend Köpfe,
die sich schütteln,
tausendmal: »Wie kann man nur?«
Tausend Tränen,
die tausend Körper durchrütteln,
tausend Leser
und kein »Warum«.

Nur ein Bild: Die ist es gewesen,
eine Überschrift dazu:
»Diese Frau ist das Böse«,
und tausend Köpfe,
die nicken dazu.

Dieselbe Frau, abertausend Jahre zuvor.
Eine Liebe, größer als menschenmöglich auf dieser Welt.
Ein Band hin zu ihm, ein Zauber, ein Schwur,
eine Liebe, der alles zum Opfer fällt.
Ich täusche meinen Vater,
ich verlasse mein Land.
Wenn du es beraubst, will still ich warten.
Ich will zusehen, wie man mich wegen deiner Taten
verbannt.
Ich will zusehen, wie du mir jeden Pfad zurück zerstörst,
und wenn nötig,
und wenn du dann auf ewig mir gehörst,
dann töte ich.

Strahlendes Lächeln, junges Glück,
die Flucht aus der Heimat,
kein Weg mehr zurück.
Doch wozu auch? Solange sie ihn hat.
Medea ist schwanger!
Und er freut sich so!
Er wünscht sich so lange
schon einen Sohn.
Und bald kommt der Zweite,
dem Vater wie aus dem Gesicht geschnitten!

Jetzt wird er für immer mein sein.
Die Kinder werden ihn an mich ketten!
Ich zieh mit dir fort,
ich belüge Behörden.
Was du auch sagst, ich folg deinem Wort.
Wenn wir nur gemeinsam glücklich werden,
dann leg ich für dich meinen Glauben ab,
dann nehm ich den Bruch mit den Eltern in Kauf,
ich geb dir die Kinder und alles, was ich hab!
Und mein Leben – das geb ich dir auch.

Die Frau mit den dunklen Locken weint.
Es gab einen Ehestreit.
Am Boden liegt in Scherben ein Foto, auf dem alles noch
gut scheint.
Das ist jetzt Vergangenheit.
Die Frau hat keine Eltern mehr.
Die haben sie verstoßen, als sie geheiratet hat.
Die deutsche Sprache fällt ihr immer noch schwer,
sie weiß nicht, wo sie hin soll, er hat ihren Pass.

Kein Weg mehr zurück,
tausend Opfer gebracht,
von der Hoffnung kein Stück,
tausendmal an Selbstmord gedacht.

Er sagt, sie muss hier raus,
wohin, ist ihm egal,
das sei schließlich sein Haus,
sie hat gar keine Wahl.

Medea ist alt.
Die Neue ist jünger.
Ihre Tränen lassen ihn kalt.
Wenn sie nicht geht, wird er sie zwingen.
Dann lass mir die Kinder!
Er denkt gar nicht dran.
Sie soll jetzt verschwinden,
das ist doch was, was sie kann.
Hast du nicht die eigenen Eltern verlassen?
Und, wo du auch hinkamst, dir Feinde gemacht?
Und nun sollte ich dir meine Kinder überlassen?
Medea, es wundert mich, dass du nicht selbst drüber
lachst!

Und tausend Worte, die schneiden wie Messer,
tausend Tatsachen dreht er 180 Grad herum.
Und tausend Zeugen, die wüssten es besser,
aber tausend Münder, die bleiben stumm.
Tausend Türen knallen,
tausend Gelegenheiten zur Wahrheit verpasst,
tausend Drohungen fallen.
Und so wird aus unbändiger Liebe unermesslicher Hass.

Ich gab alles auf für dich.
Ich KANN nicht mehr weg.
Wo wärst du denn jetzt ohne mich?
Du wärst kein König jetzt, du wärst noch im Dreck!
Hast du vergessen, wie mächtig meine Liebe ist?
Und glaubst du, mein Zorn ist es nicht?
Ich werd dafür sorgen, dass du mich nie mehr vergisst.

Und während aus wilden Blicken der Wahnsinn spricht,
sind tausend Kinderträume die letzten heute Nacht.
Denn Rachepläne vernebeln den Verstand,
und so hat Verzweiflung zum tausendsten Mal eine
Mörderin gemacht.
Und Kinderblut klebt jetzt an ihrer Hand.

Ich bin das Böse.
Ich bin die Mutter, die ihre eigenen Kinder tötet.
Ich bin das Unvorstellbare.
Hasst mich! Verflucht mich!
Schüttelt tausend Köpfe tausendmal über meine Tat!
Druckt mein Bild in jede Zeitung!
Ich bin vollkommene Dunkelheit.
Aber du bist nicht das Licht.
Du bist ein tausendmal stiller Zeuge,
dessen Kopfschütteln still Medea wiegt.
Denn ja: Ich bin das Böse.
Und ich bin
tausendmal
in dir.

Theologie studieren
Eine riskante soziale Entscheidung

Vorurteile sind was Schönes.

Allerdings nur, solange man sie bloß selber hat und sie einem nicht entgegengebracht werden. Leider studiere ich aber Theologie.

Deshalb läuft das typische Partygespräch meistens in etwa so ab: »Und was machst du so?« – »Studieren.« – »Cool! Was denn?«

Und spätestens an der Stelle muss man sich entscheiden, ob man wahrheitsgemäß antworten will oder ob man lieber ganz schnell das Thema wechselt, indem man eine zwar erlogene, aber dafür bestimmt durchschnittliche Antwort gibt: »BWL.«

Aber man studiert ja Theologie.

Also ist man ehrlich.

Und diese Ehrlichkeit kommt dem Outing gleich, eine Nacht mit Sigmar Gabriel verbringen zu wollen.

»Krass! Echt? Du studierst Theologie? Hätte ich jetzt gar nicht von dir gedacht!«

»Wie meinst du?«

»Naja, du siehst gar nicht so ... Also, das sollst du jetzt nicht falsch ... Katholisch oder evangelisch?«

»Evangelisch.«

»Ach, Gott sei Dank!«

»Gott sei Dank?«

»Ja, das geht ja noch. Mein ich.

Und hast du dann auch ... Also, darf ich fragen: Bist du dann auch so voll gläubig?«

Die nächste Stelle, an der man sich entscheiden muss. Möglichkeit eins: Man beendet das Gespräch, indem man jetzt eine Bibel aus der Handtasche kramt, sein Gegenüber mit Weihwasser bespritzt und ihm lasziv ins Ohr flüstert, man hege die Hoffnung, ihn noch heute Abend bekehren zu dürfen. Möglichkeit zwei: die Wissenschaft. Das mag jetzt komisch klingen, aber Theologie ist tatsächlich auch eine Wissenschaft. Wahrscheinlich kann sich das ein Normalsterblicher, also ein normal sterblicher, ungläubiger Heide, nicht vorstellen, aber auch eine Theologiestudentin bekommt ECTS für Seminararbeiten und Klausuren, Gläubigkeit ist hierfür keine notwendige Voraussetzung. Die Examensnote errechnet sich nicht aus verschiedenen Plus- und Minuszeichen, die das ganze Semester über von einem Mann mit Rauschebart in ein goldenes Buch eingetragen werden, während man mit anderen Kommilitonen im Kurs »Beten für Fortgeschrittene« kniet oder in »Teufelsaustreibung – eine Einführung« exerziert.

Und dann gibt es noch Möglichkeit drei. Und man studiert ja Theologie.

Also ist man ehrlich.

»Ja, schon. Ich glaube an Gott.«

»Oh Gott! Krass!

Oder darf ich das nicht sagen? In deiner Nähe? Entschuldige, das ist mir so rausgerutscht, das ›Oh Gott‹.«

»Kein Problem.«

»Hast du dann auch keinen Sex? Weil vor der Ehe und so?«

Dieser Gedankensprung wird mir wohl auf ewig ein Rätsel bleiben. Sobald die Menschen wissen, dass man Theologie studiert und das auch noch aus Interesse und persönlichen Motiven, scheint eine ganz entscheidende Grenze zu einem Bereich überschritten, der mir persönlich in einem Partygespräch, das zu diesem Zeitpunkt keine zehn Minuten dauern dürfte, minimal zu intim ist, während man sich für ein »Oh Gott« entschuldigt.

Man stelle sich das mit einem anderen Studiengang vor:

»Du studierst Mathe? Krass! Magst du dann auch Zahlen? Und wo wir schon mal dabei sind: Onanierst du dann auch regelmäßig?! Ach du grüne Neune! Oh nein, ich hab ›Neun‹ gesagt und du studierst ja Mathe! Entschuldige!«

»Naja, das mit dem ›Kein Sex vor der Ehe‹ hat doch der Papst gesagt, oder?«

»Evangelisch.«

»Was?«

Jetzt scheint meist das Gegenüber einen Gedankensprung nicht zu verstehen.

»Ich. Bin. Evangelisch. Was der Papst sagt oder nicht, ist mir erst mal wurscht.«

»Ach so. Und dann kannst du also auch Kondome benutzen?«

»Nein. Ich bin ja evangelisch. Wir benutzen keine Kondome, da gibt es eine ganz eigene Verordnung, die uns den Geschlechtsverkehr nur mit Luftballons, Taschentüchern und Katzendärmen zur Verhütung erlaubt. Außerdem muss die Frau sich vor dem Akt mit Schweineblut einschmieren. Um Gott zu besänftigen, weißt du? Wenn du magst, können wir das gleich mal probieren!«

Aber wenn man so antwortet, denken ja gleich wieder alle, man sei komisch.

Eigentlich gibt es aus solchen Gesprächen also keinen vernünftigen Ausweg. Und während andere auf Partys Spaß haben und oberflächlichen Smalltalk führen, gibt man selbst stundenlang geduldig Auskunft und hört sich dann noch möglichst freundlich an, dass das Gegenüber religiöse Menschen für prinzipiell nicht zurechnungsfähig hält.

Um solche Situationen in Zukunft zu vermeiden, habe ich mir eine neue Partystrategie angeeignet.

Ich komme nur noch im Nonnenkostüm auf Feiern, hänge mir zwei bis drei Holzkreuze um und singe erst mal; so mit erhobenen Armen und geschlossenen Augen, wie wir es eben im Studium lernen: »LAUDATO SI! O mi signore, LAUDATO SI! Und jetzt alle!«

Und dann habe ich meistens die Aufmerksamkeit, die ich nutze, um mich vorzustellen.

»Guten Tag, mein Name ist Fee und ich ... bin gläubig. Ich studiere seit vier Jahren intensiv Theologie, in Selbsthilfegruppen habe ich aber gelernt, Kondome zu benutzen.

Es fällt mir noch schwer, mich nicht zu bekreuzigen, wenn in meiner Nähe ›Oh Gott‹ oder ›Gott sei Dank‹ gesagt wird. Ich würde mich freuen, wenn mich jemand ansprechen würde, der mit meiner Gläubigkeit umgehen kann oder vielleicht auch nur einen kleinen Beitrag leistet, indem er einfach die Klappe hält. Vielen Dank.«

Seitdem bin ich irgendwie viel seltener eingeladen.

Aber ich führe auch weniger oft diese Gespräche. Außerdem kann ich meine neugewonnene Freizeit nutzen, um verstärkt zu Bibelkreisen zu gehen, Homosexuelle zu stigmatisieren, Hexen zu verbrennen oder Kreuzzüge zu führen. Manchmal verbringe ich aber auch den ganzen Tag einfach nur damit, keinen Sex vor der Ehe zu haben.

In diesem Sinne: Wenn du Protestantinnen gegenüber aufgeschlossen bist oder auch deine Hobbys Frauen Unterdrücken und Ministranten Vergewaltigen sind, sprich mich doch einfach an.

Ich warte nach dem Auftritt hinten und verteile gratis Heiligenbildchen. Halleluja!

Amen!

N. A. B. G. H. L. D. D. A. D. L. I. D. G. U. I.

Ich will ja nicht behaupten, dass alle Drehbücher von TV-Serien relativer Mist sind, was ihre literarische Qualität betrifft, aber besonders schwer stell ich es mir nun auch nicht gerade vor, eines zu schreiben. Immerhin sind die Drehbücher aller mir bekannten TV-Serien relativer Mist, was ihre literarische Qualität angeht.

Das Wichtigste ist ein Setting, eine Rahmenhandlung, aus der sich alle handelnden Personen und Handlungsstränge wie von selbst ergeben.

Da ich mich mit meiner Telenovela abheben will, fallen Krankenhaus, Schule und Modefirma als Settings schon mal weg. Meine Alternativen sind Bundestag, Universität oder Psychiatrie. Ich sehe allerdings relativ schnell ein, dass diese Orte zu weit weg von der Lebenswirklichkeit potentieller Zuschauer sind, die sich ja immerhin mit den Protagonisten identifizieren sollen. Wobei Psychiatrie dann wieder keine schlechte Idee wäre … Aber egal. Ich entscheide mich also für ein Themenfeld, das zwar der Interessenlage der breiten Masse entspricht, aber dennoch meinen Ansprüchen gerecht wird, kein neues *Scrubs* zu drehen: die Kirche.

Der nächste Schritt ist nun, einen geeigneten Namen für meine Serie zu finden, der sich zugleich einprägsam und themenweisend gibt. Aus meiner Erfahrung mit anderen Serien weiß ich bereits, dass es dabei von enormer Wichtigkeit ist, dass der Name abgekürzt werden kann. Das erleichtert scheinbar das Sprechen darüber. Wer versteht es nicht? *GZSZ* schaltet unser Gehirn sofort gleich mit *Gute Zeiten schlechte Zeiten*, *GNTM* steht für *Germany's Next Topmodel*, *Hand aufs Herz* wird ganz einfach mit einem dramatischen *Hach* abgekürzt und das etwas kryptische *VIB* lässt die Augen aller *Verliebt in Berlin*-Fans aufleuchten. Genauso wichtig ist es scheinbar, dass schon im Titel eine gewisse billige Dramatik mitschwingt. *Lebe deine Träume!*, *Alles, was zählt*. Ich entscheide mich für einen einprägsamen Titel, der gleichzeitig an die Bibel anknüpft und damit zum Thema der Telenovela hinleitet: *Nun aber bleiben Glaube, Hoffnung, Liebe, diese drei; aber die Liebe ist die größte unter ihnen*, das lässt sich schön abkürzen mit *N. A. B. G. H. L. D. D. A. D. L. I. D. G. U. I.*, Fans sprechen davon bald schon liebevoll als *Nabgl-dadlid-gui*, klingt doch süß, ist kompakt. Die Grundzüge stehen also. Zur Titelmelodie interpretiert Jeanette Biedermann »Wahnsinn, warum schickst du mich in die Hölle?« – und schon kann's losgehen.

Hauptperson ist der evangelische Pfarrer Torsten, der mit seiner Frau Gudrun und der vermeintlich gemeinsamen Tochter Lisa (später kommt raus, dass Gudrun ein Verhältnis mit Torstens Bruder hatte, der in der dritten Staffel plötzlich aus Neuseeland zurückkommt und sich seiner Vaterschaft stellen will) im Pfarrhaus lebt. Gudrun ist mit ihrer Ehe unzufrieden, weil Torsten zu wenig Zeit für seine Familie hat. Das Ganze eskaliert, als Torsten sogar an Weihnachten nicht mit der Familie feiert, sondern einen Gottesdienst hält, was für Gudrun ein eindeutiges Zeichen dafür ist, dass ihm die Arbeit wichtiger ist, weshalb sie mit Torstens Bruder schläft. Lisa ertappt sie dabei und rennt völlig verstört ins Standesamt, weil sie konvertieren will. Für ihren Vater bricht eine Welt zusammen!

Der katholische Pfarrer und Kardinal Tobi nimmt sein Amt eher gelassen. Er ist ein guter Priester und wird von der Gemeinde sehr geschätzt, er hat aber auch Neider. Pfarrer Ludwig aus der Nachbargemeinde ist scharf auf das Kardinalsamt und macht ihm daher das Leben schwer. Als sich Kardinal Tobi in die 16-jährige Ministrantin Andrea verliebt, bekommt Pfarrer Ludwig Wind von der Sache und erpresst den Kardinal. Es entspinnt sich eine komplizierte Geschichte. Tobi beginnt, mit der Haushälterin Frau Matschek zu flirten, um Pfarrer Ludwig davon zu überzeugen, dass zwischen ihm und Andrea nichts ist. Diese ist aber heimlich schon länger in den Pfarrer verliebt und macht sich nun Hoffnungen. Als jetzt auch noch der schwule Sünder Clemens auftaucht, der eine ungeklärte Vergangenheit hat und vor vielen Jahren schon einmal in der Gemeinde war, wachsen Tobi seine Gefühle vollends über den Kopf. Er heult sich bei seinem guten alten Freund, dem evangelischen Pfarrer Torsten, aus. Der ist aber im Moment selbst nicht gut auf die katholische Kirche zu sprechen, weil seine pubertäre Tochter ihm mit ihrem Wunsch, zu konvertieren, in den Ohren liegt, und rät Tobi heimtückisch, zu seinen Gefühlen zu stehen. Fatal!

Tobi ist kurz davor, sein Amt hinzuschmeißen und sich öffentlich zu seiner Liebe zu Andrea zu bekennen, da hält ihm eine alte Klosterschwester, die ihn früher auf dem katholischen Jungeninternat unterrichtete und sein großes Vorbild ist, eine ergreifende Ansprache:

»Du kannst das Feld doch jetzt nicht kampflos an Pfarrer Ludwig übergeben! Deine Schäfchen brauchen dich! Geh deinen Weg! Gib nicht auf! Pflücke den Tag!«

Kardinal Tobi geht mit neuer Kraft zurück ins Amt und bricht den Kontakt zu Andrea ab. Andrea kommt nun immer häufiger nicht in die Kirche und wird kaum noch für den Ministrantendienst eingeteilt, ihr ganzes soziales Umfeld bricht weg. Außerdem kann sie Tobi nicht vergessen. Frau Matschek erwischt Tobi im Beichtstuhl mit dem schwulen Sünder Clemens, interpretiert die Situation falsch und läuft voll enttäuschter Liebe zu Pfarrer Ludwig, um ihm zu beichten. Auf dem Weg wird sie von Andrea angefahren, die noch keinen Führerschein hat und deshalb Fahrerflucht begeht. Weil sie bei Tobi nicht beichten kann, klagt sie dem evangelischen Torsten ihr Leid. Der sieht ein, dass einiges falsch läuft, und entschuldigt sich bei seinem Freund Tobi, der Andrea schützen will und alle Schuld für den Autounfall auf sich nimmt. Dafür wandert er für zwei Folgen ins Gefängnis.

Inzwischen ist Gudrun aus dem Pfarrhaus ausgezogen und Lisa entgleitet ihren Eltern mehr und mehr, weil sie immer mehr Zeit bei den katholischen Ministranten verbringt, wo sie auch Sven kennenlernt.

Das große Finale bildet dann die Hochzeit von Lisa und Sven, die in ökumenischem Rahmen stattfindet. Torsten hält die Predigt, und Tobi traut die beiden. Gudrun erkennt, was sie an ihrem Mann hat, und versöhnt sich mit Torsten, Pfarrer Ludwig wird in eine andere Stadt versetzt und tritt dort seinen heiß ersehnten Kardinalsposten an, der schwule Sünder Clemens schafft es mit Tobis Hilfe, sich seiner Vergangenheit zu stellen, und Andrea übernimmt die Haushälterinnenstelle von Frau Matschek, die seit ihrem Unfall im Rollstuhl sitzt, und zieht bei Kardinal Tobi ein, wo die beiden in Lust und Heimlichkeit eine glückliche Beziehung führen. Zur Hochzeit ist auch Torstens Bruder eingeladen, und bevor die Kamera auf die herzförmigen Ballons schwenkt, die Sven und Lisa in den Himmel steigen lassen, sieht man, wie er und Frau Matschek sich verliebte Blicke zuwerfen.

Bis zum Finale sind dann locker 243 Folgen á 40 Minuten gefüllt und *Nabgl-dadlid-gui* hat sich unter Serienfans etabliert. In Internetforen werden die Leute Dinge schreiben wie: »Voll schade, dass Tobi und Clemens nicht zusammengekommen sind. Die hätten soo gut gepasst!« und: »Kann mir mal jemand verraten, was alle an diesem Tobi finden?«

Auf Facebook werden Seiten gegründet, die »Jutta Matschek – hottest woman on earth« heißen, und Teenies werden T-Shirts bedrucken, auf denen »I love N. A. B. G. H. L. D. D. A. D. L. I. D. G. U. I.« zu lesen ist.

Natürlich wird auch viel gehatet werden, und man wird mir vorwerfen, dass das Drehbuch ziemlicher Mist sei, was seine literarische Qualität angeht. Ich werde dann antworten, dass ich ja nicht behaupten wolle, dass alle TV-Serien relativer Mist seien, was die literarische Qualität ihres Drehbuchs betrifft, dass es aber eben auch nicht so schwierig ist, selbst eines zu schreiben.

Deutschland braucht die Shopping Queen

Politischer Aschermittwoch. Zeit, zurückzublicken und zu erkennen, dass unser Elend begründet liegt in den Bundestagswahlen. Davon abgesehen, dass wir da mal wieder so richtig schön nazifiziert haben und »Sozialdemokraten« sich erneut astrein auf »verraten« reimt, wäre das Ganze wohl auch völlig anders ausgegangen, wenn wir nicht mit 25 Prozent wieder die zweitstärkste Kraft außerhalb der Parteienlandschaft gestellt hätten, nämlich Nichtwähler*innen. Schaut man sich das Ganze genauer an, merkt man, dass der Bock zur Wahl vor allem meiner Generation abhandengekommen ist. Folgender Erklärungsversuch:

Wählen ist langweilig.

Und das gar nicht mal prinzipiell. Nein, prinzipiell könnte Wählen eine sehr spannende Sache sein. Es kommt nur auch immer ein bisschen drauf an, was man wählen darf.

Wenn man wählen dürfte, welche Farbe der Himmel hat oder in welcher Zeit man leben darf oder wenigstens, was im Fernsehen kommt, dann hätte das alles jedenfalls mehr Anreiz als dieses Zufallsankreuzen von Abkürzungen.

Es stellte sich heraus, dass viele junge Wähler*innen noch nicht mal wussten, WANN die Bundestagswahl ist. Zur Primetime war die ja auch schon um!

Und kann man es ihnen vorwerfen? Ich finde: nein. Weil Wählen einfach übelst unentertaining ist und wenn man eines über junge Menschen weiß, dann doch, dass sie entertaint werden wollen.

Deswegen sind die jungen Menschen des Landes an jenem schicksalhaften Sonntag auch nicht in leergeräumte Grundschulen geströmt, sondern auf der Couch geblieben und haben *Shopping Queen* geschaut.

Ja, *Shopping Queen*! Ein Format, das aus irgendeinem Grund darüber funktioniert, dass man fremden Frauen dabei zusieht, wie sie viel zu viel Geld für viel zu hässliche Klamotten ausgeben, sich dafür gegenseitig bewerten und dabei noch ungestraft Sätze von sich geben dürfen wie: »Mein Mann hat auch gesagt: Du hast nicht so viele Talente, aber Shoppen kannst du!«

Aber bei *Shopping Queen*, da wird plötzlich gewählt! Zwischen Longblazer und kurzem Jäckchen, zwischen flachen Schuhen und High Heels, manchmal wird's ganz crazy, da ist dann Joker-Week und die Kandidatinnen dürfen zwischen 500 Euro und vier Stunden zum Shoppen oder 700 Euro und drei Stunden wählen.

Und als könnte es etwas geben, das noch weniger Relevanz besitzt als die Selbsteinschätzung einer Kölner Permanentmake-Up-Artistin mit rotgefärbten Haaren, deren Erfüllung es offenbar darstellt, Mittfünfzigerinnen die sowieso zigfach abrasierten und von einem parkinsonkranken Totenkopfäffchen wieder drangemalten Augenbrauen ins Botox zu betonieren, sitzt Deutschland wie gebannt vor dem Fernseher und wartet, wie sie sich entscheiden wird.

Würde Guido Maria Kretschmer jetzt ins Bild wackeln und die Zuschauer*innen daheim dazu aufrufen, per Telefon mitabzustimmen, was Manuela – genannt Elly – gleich wählen wird, vermutlich würden die Telefonleitungen zusammenschmelzen vor lauter Spannung und plötzlichem Wahlwillen.

Was aber lernen wir daraus? Doch nicht etwa, dass es mehr Menschen wie Elly geben sollte, oder gar, dass es spannend wäre, anderen Menschen beim Shoppen zuzusehen. Nein, wir lernen daraus, dass Deutschland einen unheimlich großen Willen zum Wählen hat! Nur die Politik muss sich anpassen. Make Wahlen great again!

Ich glaube, dass der ganze Wahlkampf spannender wäre, wenn man sich einfach ein paar Kleinigkeiten aus dem Privatfernsehen abschauen würde.

Vielleicht würde es schon reichen, wenn die Bundestagswahl in Zukunft einfach »Deutschland sucht die Laber-Queen« hieße.

Ich fordere – für die Demokratie! –, dass von nun an jedes Wahlduell, jede Bundestagsdebatte und vor allem jedes Politiker*innen-Interview von Guido Maria Kretschmer moderiert UND kommentiert wird! Außerdem möchte ich, dass die Off-Stimme von RTL II von Anfang an Alliterations-Label an die Kandidat*innen verteilt, damit man endlich mal weiß, an wem man ist. Dann müssten wir zum Beispiel auch nicht jedes mal neu diskutieren, ob Alice Weidel jetzt ein Nazi ist, bloß weil sie wie einer spricht und sich wie einer verhält, weil die allwissende Stimme uns von Anfang an aufklären würde: »Die ambivalente Alice leidet unter einer schweren Gespaltenheit. Die sympathische SS-Frau ist zerrissen zwischen lesbischer Liebe und rechter Rotze.«

Und dann wäre das geklärt!

Ich will, dass die Kandidat*innen ihre Wahlprogramme zusammenfassen müssen – mit nur einem Emoji!

Ich möchte auch keine Debatten mehr, sondern klare Aufgabenstellungen und Wochen-Challenges! Und dazu wird dann Guido eingeblendet und kommentiert das Ganze:

»Hmm … Noiiiin, die is' ja süß, die Angela. Mhohoho, Wie sie immer schaut! Oder? 'Ne ordentliche Frisur und 'nen schicken Schuh dazu, dann würd' ich sagen: alright!«

Und die Angela, die würde dann verliebt seufzen und ein paar Tränchen in die Augen bekommen, und schon hätte der ganze Wahlkampf an Menschlichkeit gewonnen.

Und dann müssten die Kandidat*innen was singen, weil ganz ehrlich: Die Deutschen lieben es, wenn im Fernsehen gesungen wird!

Dann würde vielleicht sogar die FDP endlich ein paar Sympathiepunkte abstauben, ein bisschen wie Menderes bei *DSDS*, einfach, weil sie es immer wieder versucht hat.

Ich wünsche mir, dass die Parteien ab jetzt Teams heißen, also Team Martin, Team Angie und Team Christian, aber mit Hashtags davor! Und ich will, dass in den Wochen vor der Wahl jeden Sonntag ein Team rausgewählt wird, und zwar nicht per Briefwahl – weil Briefwahl, bitte! Geht's noch? Vielleicht gibt's demnächst ein Update, und man kann seine Stimme faxen? –, sondern per SMS!

Am Ende bleiben zwei Teams, die irgendwas Spannendes machen, Schlammcatchen zum Beispiel. Von mir aus dürften die ja sogar reden, aber doch wenigstens mit Impro-Sonderregeln; dass alle paar Sekunden ein von den Zuschauer*innen gewähltes Wort eingeblendet wird, das die Finalist*innen dann sinnvoll in ihren Vortrag integrieren müssen, etwa. Und in der nächsten Runde geht es dann darum, soziale Gerechtigkeit pantomimisch darzustellen.

Am Wahlsonntag müsste man sich dann nicht mehr zwischen all den Teams und Kandidat*innen entscheiden, sondern die Finalteams würden sich gegenseitig bewerten und DANN könnten die Zuschauer daheim zusätzlich per Videobotschaft voten: »Also, die Andrea hat das Thema Umweltschutz für mich super umgesetzt mit dem grünen Sakko, das Einzige, was ich mir noch gewünscht hätte, wären so paar kleine Accessoires gewesen, paar kleine Windräder im Haar oder so. Deswegen gibt's von mir lieb gemeinte acht Punkte!«

Ich wette, dann hätten wir eine Wahlbeteiligung von 100 Prozent.

Denn eigentlich darf man ja wirklich wählen, welche Farbe der Himmel hat und in welcher Zeit man leben möchte und sogar, was im Fernsehen kommt. Aber wenn die Politik junge Menschen ansprechen will, muss sie das vielleicht auch genau so sagen.

Tja, vielleicht nächstes Mal.

Luther

Das meiste, was ihr über den »großen Unbekannten«, Martin Luther, wisst, wisst ihr vermutlich aus der achten Klasse. Nun ist es jedoch ein »offenes Geheimnis«, dass die Pubertät in der achten Klasse oft so hart zuschlägt, dass sich Kinder über die Sommerferien dramatisch verwandeln und als übermüdete, hysterisch kichernde Eiterhormonschleudern mit blaugefärbten Haaren wiederkommen, die unfähig sind, sich zu irgendetwas zu motivieren, schon gar nicht zu einem »persönlichen Zugang zu Grundeinsichten evangelischen Glaubens und die reformatorischen Anl...« . *schnarch*.

Man wirft mit den ganzen pädagogischen Bemühungen also »Perlen vor die Säue« beziehungsweise Luther ins Pubertiergehege.

Auch ich »tappte« zunächst ziemlich »im Dunkeln«, als ich am Ende meines Theologie-Studiums gebeten wurde, innerhalb einer Minute alles auf einen Zettel zu schreiben, was mir zu Luther einfalle.

Ich geriet also erst eine halbe Minute in Panik und schrieb dann eine halbe Minute lang auf, was ich aus meinem Studium wusste: dass Luther 1483 in Eisleben geboren wurde, dass er in Wittenberg studierte, dass er 1517 wahrscheinlich eher nicht, aber der Legende nach eben schon, 95 Thesen an die Tür der Schlosskirche schlug und 1546 starb, dazu noch Rumtheologisiere von der Zwei-Reiche-Lehre und irgendeinem freien Christenmenschen, und dann war die Zeit um.

Natürlich genügte das, es war aber auch ganz schön schade.

Viel schöner wäre es gewesen, wenn ich tatsächlich von meinen persönlichen Zugängen geschrieben hätte; von dem, was mir wirklich zu Luther einfällt:

Dass ich die Lebensdaten zum Beispiel nur weiß, weil ich dabei zum ersten Mal in meinem Leben bei einer Probe in der Grundschule gespickt habe. Im »Schweiße meines Angesichts« habe ich sehr unauffällig von Zeit zu Zeit in meinem Federmäppchen gewühlt, um die Zahlen von der kleinen grünen Karteikarte abzuschreiben, und dabei so viel Angst davor gehabt, erwischt zu werden, dass sie mir auf »immer und ewig« im Gedächtnis bleiben werden.

Oder dass Luther in der achten Klasse sehr wohl ein Thema bei uns war, nämlich weil wir den Hauptdarsteller aus dem Lutherfilm so heiß fanden und meine Freundin Josephine im Religionsunterricht mit französischem Akzent gerufen hat: »Martin Luthäär, lass miesch deine füüünfundneunziesch Thesen sein und nagel miesch!«

Ich hätte schreiben sollen, dass ich glaube, dass Luther den Poetry Slam gefeiert hätte. Die Regeln erfand er ja quasi selbst: »Mach's Maul auf, tritt fest auf, hör bald auf!«

Dann hätte ich aber auch geschrieben, dass ich glaube, dass Luther einen Luther-Slamtext überhaupt nicht gefeiert hätte. Und wahrscheinlich auch keine Luther-Bonbons, keine Luther-Playmobilfigur, keine Luther-Kugelschreiber oder -Socken und schon gar nicht das Luther-Musical oder gar das Luther-Oratorium; am ehesten vielleicht noch die Luther-Kondome, wobei die Kirche die ja wiederum gar nicht so sehr feierte, was ich wiederum schade finde, weil ich »Hier stehe ich, ich kann nicht anders« auf einem Kondom schon ein bisschen lustig fände und überhaupt glaube, dass die Kirche in Bezug auf den »Schandfleck« Sex mal erwachsen werden sollte. Nach der ganzen kindlich gespielten Keuschheit geht das eben nur über peinliche pubertäre Witze, weshalb wir eigentlich froh sein können, dass es immerhin ein Lutherzitat war und nicht einfach: »Hihi, Penis!«

Aber so ist das nun mal manchmal mit der Kirche, das wusste schon Luther: »Aus einem verzagten Arsch kommt kein fröhlicher Furz.«

Dazu fällt mir außerdem ein, dass ich selbst in meiner Pubertät auch einen ziemlich guten Humor hatte. Als unser Pfarrer auf dem Konfiwochenende wissen wollte, was Luther auf dem Reichstag in Worms angeblich gesagt habe, als er widerrufen sollte, wusste das niemand. Also hat er geholfen und meinte, es gebe auch Socken, auf denen das steht. Wenn er gesagt hätte, dass das auch auf Kondomen steht, hätten es bestimmt alle gewusst.

So wusste es aber immer noch niemand, also habe ich dem liebenswert »friedfertigen« Gesamtschüler neben mir was eingeflüstert, das er prompt laut »ausposaunt« hat: »Puma!«

Das wäre doch ziemlich lustig gewesen und hätte den Kaiser vermutlich so verwirrt, dass der erstmal in seinem

Lateinbuch nachgeschlagen hätte. Vielleicht wäre ihm dann peinlich gewesen, das nicht zu verstehen, sodass Luther sich den ganzen Quatsch mit der Reichsacht hätte sparen können.

Aber das sind eben Verbesserungsvorschläge, die zu spät kommen.

Nicht zu spät wäre es hingegen, die Art und Weise zu reformieren, wie die Reformation in der Schule behandelt wird. Wie wäre es mit wirklichen Lebensbezügen? Einer schmissigen Herangehensweise? Einem schwammigen Song zum Beispiel?

OOOOooooooooo! Wer hat aus Versehen die Kirche
   geteilt?
Martin Luther!
Wer fand Ablasshandel echt weniger geil?
Martin Luther!
Wer hat mit 'ner Nonne sechs Kinder gekriegt?
Martin Luther!
Wer hat gern gesoffen, geschlemmt und ge...predigt?

Und wieso wird das Kritische eigentlich so oft ausgespart? Weil ich mich als Theologiestudentin unter Leuten grundsätzlich für alles rechtfertigen muss, was jemals ein gläubiger Mensch gesagt, gedacht oder getan hat, sind mir diese antijudaistischen Spätschriften hochgradig peinlich und ich wünschte, Luther hätte lieber »jedes Wort auf die Goldwaage gelegt« und sein Maul im Alter ausnahmsweise mal nicht aufgemacht, aber da geht's ihm ähnlich wie Alice Schwarzer, Günther Grass und Xavier Naidoo. Ich glaube, zu wissen, wann man sich besser nicht mehr öffentlich äußern sollte, ist »das A und O« jeder Showkarriere.

Dabei finde ich schon auch, dass man sein Maul aufmachen sollte. Gerade heute! Und dass eine Reformation vielleicht gar keine so schlechte Idee wäre. Eine Reformation der Kirche, damit danach nicht länger der Kirchenvorstand darüber entscheiden kann, ob ein lesbisches Paar im Pfarrhaus leben darf.

Und dann wäre es vielleicht auch langsam an der Zeit, dieses Land zu reformieren. Und zwar lieber nicht so, wie es gerade passiert, sondern in Richtung Menschlichkeit. Ich wäre »mit Feuereifer dabei«, wenn es darum ginge, christliche Werte wieder mit etwas zu füllen.

All das hätte ich vielleicht hinschreiben sollen und dann hätte ich auch »mein Licht nicht unter den Scheffel gestellt« und darauf hingewiesen, wie brillant das alles auch sprachlich formuliert war, und dass in diesem Text mehr als ein Dutzend Lutherzitate oder Redewendungen, die er geprägt hat, eingewoben sind.

Aber ich habe sie nicht aufgeschrieben, meine Reformationsaufrufe und meine persönlichen Zugänge zu Luther, deshalb trage ich sie hier und jetzt vor.

Hier stehe ich, ich kann nicht anders. Gott helfe mir. PUMA!

Akt II

»Der Menschheit ganzer Jammer fasst mich an.«

(J. W. v. Goethe: Faust. Der Tragödie erster Teil.)

In allen Wipfeln: Du

In allen Wipfeln ... kaum einen Hauch ... Die Vögelein
schweigen ... im Walde.
Ein Männlein steht im Walde,
ganz still ... und stumm.
Da kommt ihm der Gedanke: Er bringt sich um.

Nun hast du ihr den ersten Schmerz getan,
der aber traf!
Und sie, sie sieht die Welt sich an
und wünscht sich nichts als Schlaf.
Schlafen, schlafen, nichts als schlafen!
Kein Erwachen, keinen Traum
Und über allen Gipfeln
schweigt es weiter dröhnend laut.
Sie kann sie nicht mehr hören, diese ewige Ruh!
In allen Wipfeln schweigt es nicht nur,
in allen Wipfeln bist du!

Und in allen Gesichtern und in allen Gärten
und in allen Gedichten und auch in ihrem Herzen.
Nur in diesem verdammt friedlichen Abendsonnenlicht
und auch in dieser Welt hier, da bist du nicht.
Und in dieses Vakuum hinein von ewigem Schweigen
zitiert sie Hebbel und Goethe und wünscht, sie könnt
weinen.

Ich hab lang nicht verstanden,
was das sollte mit den Gedichten.
Aber so ganz verstanden
hab ich sie sowieso nicht. Denn
wer kann das schon sagen, dass er versteht,
wie's einer, die einen verloren hat, geht?

Und so war ihr, als hätt der Himmel die Erde still verlassen,
dass sie umgeben von Stille nun alles müsste hassen.
Und schaurig war's plötzlich, durch den Wald zu gehen,
und wer sie nur ansah, der konnte verstehen,
wie die Welt ihr so öd' war, so schrecklich und leer,
und wie sie so gar nichts erfreu'n konnte mehr.
Warum sie in Versen sprach, das verstand keiner,
ich glaube, vielleicht fand sie mehr Trost in den Worten
von Heine
als im Stammeln der Welt. Und in den Versen von
Eichendorff
mehr Wahrheit als im betroffenen Schweigen dort.

Denn wie kann alles schweigen,
wenn du nicht mehr sprichst?
Wie kann denn niemand schreien,
wenn du nicht mehr bist?
Wie kann so mancher singen,
als ob er fröhlich sei?
Wie geht das, wenn ihr Tränen dringen,
dass andere leise singen statt lauthals zu weinen?
Deswegen steht sie laut rufend alleine und sagt:
O lieb, solang du lieben kannst!
Die Stunde kommt, die Stunde kommt,
wo du an Gräbern stehst und klagst.
Und bang birgt sie vor uns ihr Gesicht,
denn sie ist noch hier – und du bist es nicht.

Am Tag der Beerdigung wehte kein Wind,
wir standen stumm bei ihr und hielten sie fest,
und noch immer, sagt sie mir, fühlt sie sich jetzt,
als ob auch die Lüfte gestorben sind.
Düfte, sie düften nicht,
Lüfte, sie lüften nicht.
Mein Herz, mein Herz ist traurig!,

Schreit sie und alle schweigen sie an,
schweigen einfach weiter, alle – auch ich.

Einmal, als sie gerade kein Zitat mehr wusste,
schrie sie nur einfach ihr Fenster an.
So laut, dass alle es merken mussten,
dass die Vögel auch leise geworden waren.
Früher hatten ihr ewiges Piepsen,
ihr lautes Gepfeife, ihr fröhliches Fiepsen,
sie jeden Morgen noch vor der Sonne geweckt,
jetzt klingt ihr Gesang ihr höchstens gedeckt,
manchmal sitzt sie lange am Abend und wartet,
dass eins dieser Viecher 'ne Tonleiter startet.
Doch da in den Zweigen nur grausame Ruh
und in ihren Scheiben, da spiegelst dich du.

Dabei warst du die Ruh, der Friede mild,
die Sehnsucht du und was sie stillt.
Und überhaupt, bei dir war ihr Schweigen nicht peinlich,
mit dir hieß ein Flüstern für sie ein Geheimnis.
Ach, wer bringt die schönen Tage,
jene holde Zeit zurück?

Aber sie weiß schon, das is 'ne rhetorische Frage,
sie ist vielleicht traurig, aber noch nicht verrückt.
Nur diese Stille, die könnte das schaffen,
dass sie noch dazu den Verstand bald verliert,
sie versucht es mit Schreien, sie versucht es mit Lachen
und mit allem, was Lautstärke und Lärm produziert.

Sie will den Nebel zerreißen – so heißt es bei Goethe –
und endlich den Wind wieder heulen hören,
sie will, dass ihr die Vögel den letzten Nerv töten
und Mücken und Eulen die Nachtruhe stören,
sie will, dass die Bäume, diese verdammten Wipfel
sich wieder wiegen und rauschen im Wind,
und dass von unser Beileidsbekundungen der Gipfel
nicht kaum hörbar gemurmelte Halbsätze sind!
Deshalb schreit und brüllt sie.
Dem Schnee, dem Regen,
dem Wind entgegen,
im Dampf der Klüfte,
durch Nebeldüfte,
immer zu! Immer zu!
Ohne Rast und ohne Ruh!

Ja, vor allen Dingen ohne Ruhe!
Ohne dieses rücksichtsvolle Getue, bei dem sie unsere
Schritte kaum hört,
weil jeder Angst hat, dass er ihr Traurigsein stört.
Über allen Gipfeln ist Ruh,
in allen Wipfeln
spürest du
kaum einen Hauch.
Und ganz ehrlich, kein Wunder, wir schweigen ja auch.
Vielleicht ist es ja Zeit, damit aufzuhören
und nicht weiter den Geist heraufzubeschwören,
den wir sowieso nicht vertreiben können.

Die Geister, die ich aber schon wirklich nicht rief,
die spuken ja doch, denn die Trauer sitzt tief,
und dass ich keine Hilfe für sie bin, mag schon sein,
und doch kann ich wenigstens zusammen mit ihr schreien.
Und wenn's ein Zitat ist, das wir dann brüllen,
über die unaushaltbare Stille,
dann rufen wir eben in die lauten Farben der Morgenröte
zusammen mit den Vögeln ein Gedicht von Goethe.

Denn die Stille, die du hinterlässt,
die wird nie wieder laut hier auf Erden.
Aber Stille kann, wenn man sie lässt,
auch Ruhe und irgendwann Frieden werden.

Vom Kratzen an verschlossenen Türen

»Bleib bei den Türen, deren Griffe sich drücken lassen
unter deinen Händen,
und bleib draußen, wenn sie nicht nachgeben wollen.
Denn sich durch's Schlüsselloch zu zwängen, kann blutig
enden.
Und wer mit gültigen Pässen reist, hat nichts zu
verzollen.«

Du rätst mir zum geraden Weg,
du zeigst mir das Gute, das nahelegt,
zu bleiben.
Und sich Koffein gegen Träume zu verschreiben,
hilft auf Dauer auch gegen den Antrieb.
Schwimm nur so weit raus, wie man noch Land sieht!

Bleib sauber,
bleib liegen, bleib gesund!
Spar dir den Zauber,
schrubb dir die Knie nicht
und wünsch dir dein Herz nicht wund!

Und ja, es stimmt:
Nur wer wagt, gewinnt,
aber meistens verlierst du
und hast dann immerhin Glück in der Liebe.
Steht die Zeit still, spürst du
auch nichts vom Sand im Getriebe.
Wenn dir nichts gut tut, tut dir auch nichts weh,
und was dir nicht wehtut, das tut dir doch gut.
Und wenn dir von allen Türen nur zu viele offenstehen,
ist das doch für ein Leben noch immer genug.

Was du verdienst, fliegt dir zu,
alles sonst ist nicht für dich gedacht,
andere hätten gern dasselbe wie du,
sind aber dafür nicht gemacht.
Lerne, Dankbarkeit, lerne, Demut zu zeigen!
Und sei vor lauter Willen nicht bitter!
Hör auf, gegen den Strom zu kämpfen, lass dich treiben,
bist du nicht ganz oben, trifft dich auch nicht das Gewitter.
Kein Blitz kann dich treffen,
wenn du nur ebenerdig bleibst.
Keine waghalsigen Entscheidungen zu treffen,
bedeutet auch, dass du sie später nicht bereust.

Besser die Realität in der Hand
als den Traum auf dem Dach.
Pack deine Realität mit beiden Händen an,
träumen kannst du in der Nacht!

So rätst du mir zu Türen, die von selbst
aus den Scharnieren springen,
und du deutest auf meine Fingerkuppen,
die vom Kratzen an verschlossenen Türen
kaum noch Fleisch vorbringen,
während sich doch alle Bemühungen, sagst du,
als zwecklos entpuppten.

Wissend, dass die Türen,
an die wir am verzweifeltsten pochen,
oft die sind, durch die wir nie einträten,
würden sie offenstehen.
Und wissend, dass man, wenn man sein Augenlicht
gibt, um einmal den Himmel zu sehen,
nicht besonders viel hat von der Aussicht,
möchte ich fürs Kämpfen plädieren.
Ich möchte es gern blutig probieren.

Ich will mehr!
Nicht mehr Fleisch, nicht mehr Kleidung
und auch bitte nicht mehr Streit!
Ich bin wer
oder bilde mir jedenfalls ein, jemand zu sein!

Denn dass man nichts bereuen kann,
was man niemals begann,
ist eine Lüge.
Am meisten trauern Menschen um abgefahrene Züge.
Dein Durchschnitt kann sicher auch glücklich machen,
aber erfüllend ist er nicht.

Ich will hochmütig alle Sicherheiten verlachen,
und übe leichtsinnig auf freien Eintritt Verzicht.
Ich stell den Fuß nicht länger in die Schwelle,
ich nehme in Kauf, dass auch off'ne Tore zufallen,
ich schwimm weiter gegen den Strom und unter der Welle,
ich will die Dinge, die mir und nicht andern gefallen.

Es darf wehtun, es darf Opfer fordern,
unterschätz nicht die Macht eines Willens!
Ich werde jeden Soldaten zu meinen Diensten ordern,
um mein Verlangen nach mehr zu stillen.
Mir genügen nicht die offenen Türen,
ich will meine Armeen in unbekannte Länder führen.
Ich will kämpfen und fallen und unterworfen werden
und am Ende will ich siegen!

Ich geb meine Fingernägel dafür
und werd auch mein Herzblut geben,
ich lass dafür alle Zweifel liegen.
Nachts will ich nicht schlafen,
sondern Schlachtpläne zeichnen,
und dann träume ich nämlich am Tag!
Ich werde kämpfen und bluten, um mein Ziel zu erreichen,
ich bin niemand, die einfach verzagt.

Trau dich, zu kämpfen, rate ich dir,
vielleicht hast du nur einmal zu wenig geklopft.
Vielleicht entpuppt sich das Eisenschloss noch als Papier,
wenn man nur lange genug darauf hofft.
Zieh dir Spreißel ein beim Kratzen an die Verschlossenen,
schlag die Türhüter mit ihren Parabeln in den Wind!

Ist dein Wille in eiserne Stärke gegossen,
wen stört es, dass Schlösser aus Eisen sind?
Üb dich in Strategie, in Härte und Geduld,
durch Offenes kannst du dann immer noch gehen.
Such nach den Schlüsseln und gib dir nicht die Schuld
daran, dass überall Ängste und Wachen stehen.

Vielleicht verlierst du, gehst durch keine Tür
und bleibst ewig nur drinnen.
Aber wenn du's nicht versuchst,
dann kannst du nicht gewinnen!
Bleib nicht bei den Türen, deren Griffe sich
drücken lassen unter deinen Händen,
und bleib nicht draußen, wenn sie nicht nachgeben.
Denn sich durchs Schlüsselloch zu zwängen,
kann zwar blutig enden.
Aber das ist es wert,
um nicht im Durchschnitt zu leben!

vermissen

keine langen vorreden
kein drumherum oder was
um den heißen, kein vorwort, mein ich
nicht, was das heißen
wie genau ich das jetzt
oder so
einfach nur:
ich vermiss dich
so!

weißt du, wenn du tot
wenn du einfach gestorben
einfach nicht mehr
also so mein ich
ich mein das nicht so, bitte
wenn du vielleicht einfach auf einer reise
wenn du das jetzt makaber
nimm das jetzt nicht weiter
nicht dass ich das
aber
vielleicht wär's dann leichter

wenn du weg
wenn du nicht hier
umgezogen oder was
nicht in diesem raum
neben mir
und verdammt noch mal so
als wäre da
und da war gar, da war ja nichts
oder so
nur eine freundschaft
die jetzt nicht mehr
scheinbar

und die vielleicht nie
was weiß ich
vielleicht nur in meinem kopf
vielleicht eh immer nur ich
vielleicht immer nur mitgemacht
du
einfach immer mitgezogen
klar, gesagt, ja, ich dich auch
vielleicht immer nur gelogen
verdammt nochmal
weil du doch auch
ich hab doch!
hab doch, hier, das doch richtig
das doch jetzt so
zwischen uns
scheiße!
ich vermiss dich
so!

und dann die frage, ob
ob du das überhaupt so
ich meine, du
jetzt hier so wie du
und nicht wie früher
vielleicht nur uns
vielleicht nur eine idee
vermissen, mein ich
vielleicht gar nicht dich.
und ob das überhaupt gut
das frag ich mich schon

das jetzt mit uns
nach allem, was gewesen
was in deinem leben
offenbar ohne mich
und ich hab damit ja kein
hab da keins.
hab überhaupt gar nichts mehr
von dir
weil du hier
in diesem raum
jetzt hier neben mir
aber irgendwie scheiße weit weg
scheiße, bist du weit weg
von allem, was da
und vielleicht ja eh nie in wirklichkeit
aber da war gar, war ja nichts
oder so
nur eine freundschaft
die jetzt nicht mehr

scheinbar
ich vermiss dich
so

so
jetzt hab ich das mal
hab das mal gesagt, wie sich das
weil ist doch so!
hab dir mal gesagt, wie krass
wie verdammt krass das
dich vermissen, mein ich
wie das wehtut

und was wir uns ausgemalt
was wir dann, das waren doch deine ideen
waren das doch
waren doch nicht meine allein
ich hab hier doch noch
was du alles gesagt
weißt du, ich mal mir das doch nicht
glaubst du, verdammter mist
dass ich das allein?
dass ich so
dass ich nicht gemerkt
als ob ich nicht gemerkt. das hätt' ich
hätt' ich bestimmt
gemerkt, mein ich
wenn das nicht gestimmt
irgendwas in dem
was weiß ich
gefüge oder so

wenn das gelogen
wenn das alles lüge
so wie du jetzt
einfach als ob da nie
aber da war gar, war ja auch
so denk ich ja nicht
nicht sowas aber
ich vermiss dich
so!

einfach als freund
mehr nicht oder was du jetzt
hier einfach zwischen die zeilen
wie so eine chinesische vase
weiß ich nicht, wie man die gleich nochmal
da gibt's doch 'ne kunstform oder so
stellst du das
jedenfalls
dass das nicht, schon gar nicht
und auch nicht fair
weißt du vielleicht
und ich frag mich schon, nein
sehr frag ich mich
ob das nur an mir
ob das wirklich nur an mir
so wie du mir jetzt so
zwischen den zeilen.

weil das ja das schlimme
diese beiläufigkeit
als ob da nie
oder als ob
als ob da, keine ahnung
und dann was großes
irgendwas gewesen
sowas
aber da war gar, war ja nichts
kein streit oder so
scheiße
kein fehler
oder mir bewusst jedenfalls
was du da zwischen den zeilen
weil das das schlimme
und das nie gewesen
jedenfalls hab ich jetzt mal
und dir das auch ganz klar
vorgelesen
weil das nämlich wehtut

so
nämlich. gut
ich vermiss dich
so!

das kannst du doch nicht
macht man sowas mit
oder was auch immer wir sind
freunde oder so?

ich denk nicht, dass man das
ich denk auch nicht, dass man das mit
bekannten
so einfach gar nicht mehr
als ob man gar nicht da
oder gestorben wär'
aber dann immer im selben raum
oder wenigstens gleiches land
weil sowas ja relativ

weißt du, wenn du jetzt spanien
oder paraguay, oder wo das
und von mir aus kein internet
und super viele erfahrungen
und ganz neue leute
aber dass es da echt so viele
so viele bevor ich
und auch nur in deiner erinnerung
dass du jetzt so viele leute
außer mir, mein ich
die dir alle wichtiger
und ich gar nicht
kein bisschen mehr
aber bist nicht in spanien
du
und dein internet auf 1,5 gigabyte
am handy sogar
und dann im selben raum
im selben land
aber ich dir nicht mehr wichtig

das tut nämlich
das verletzt mich, dass das so
einfach auslöschen
als ob es da nie
oder so etwas wie
ich vermiss dich
so!

weil, weißt du
wenn du gestorben ...
wenn du weg oder einfach nicht mehr
nicht immer im selben raum
und dann so kalt
wenn du einfach auf reisen
aber auch dann wär's nicht leichter
wärst immer noch du
wärst immer noch so
und ich dich.
vermissen, mein ich
so!

Müllschlucker

Ich wollt' nur sagen, dass ich kein Müllschlucker bin.
Doch du wirfst deine Probleme vor mich hin,
drückst meinen Kopf in deine Mistpampe
und sagst:
»Und jetzt schluck, du Schlampe!«
Natürlich nicht.

Du vertraust mir ganz vorsichtig was an
und fragst dann,
ob man mir vertrauen kann.
Du rufst mich nachts an,
wenn du mit der Rasierklinge draußen stehst
oder gerade zu deiner Exfreundin gehst.
Du kommst zu mir mit Tränen im Gesicht,
denn die anderen, die versteh'n dich nicht.
Wenn die Oma stirbt, dann schreibst du mir,
wenn du besoffen bist von »nur einem Bier«.
Du erzählst mir, dass du deinen Vater hasst
oder nicht mehr in deine Hosen passt.

Mir sagst du, dass du nicht schlafen kannst,
dass du dealst und Haschisch pflanzt,
und dass du mit 14 schwanger warst
und jetzt jede Nacht diese Träume hast.
Du triffst dich mit mir, um mir zu erzählen,
wie das ist, wenn die eigenen Freunde dich quälen,
wenn die Mutter zuhause betrunken ist
und die Schwester vor Frust überhaupt nicht mehr isst.
Du klingelst bei mir, wenn du nicht weiterweißt,
weil deinem Freund zu oft der Geduldsfaden reißt.
Und du nur noch davongerannt bist,
weil man dich immer am großen Bruder misst.
Du redest mit mir über das Vermissen,
du schreibst mich an, denn du fühlst dich beschissen,
weil deine Mama gestorben ist
oder du nicht weißt, ob du ganz hetero bist.
Du kommst auf 'nen Kaffee bei mir vorbei,
denn die Beziehung deiner Eltern geht entzwei.
Du erzählst mir von deinen Depressionen.
Du sagst, du kannst zuhause nicht mehr wohnen.

Kurz:
Du teilst mit mir, was dich belastet,
deinen größten Schmerz, das Allerkrasseste,
was dir am meisten wehtut, erzählst du auch mir.
Und ich, ja, ich schenke mich dir.

Ich frag, wie's dir geht,
ich opfere Zeit.
Ich sag zu dir: »Red!«
Und: »Das tut mir so leid.«

Ich bin für dich da.
Und ich helf' dir ja auch.
Ich hör dir gern zu,
weil ich weiß, dass du's brauchst.
Ich trag deine Last mit meiner dazu,
ich biete dir an:
»Hey, ich hör' dir zu.«

Und wenn du geredet hast,
stößt du mich weg.
Wenn's dir gerade passt,
bin ich für dich Dreck.
Du nutzt mich aus und missbrauchst meinen Kopf,
sagst, wenn's dir wieder gut geht:
»Verpiss dich, du Opfer!«
Natürlich nicht.

Du brauchst dann einfach viel Zeit für dich.
Und über dein Problem reden willst du nicht.
Und auch nicht dran erinnert werden
und deshalb bin der letzte Mensch auf Erden,
den du jetzt sehen willst,
einfach gerade ich.
Und natürlich versteh ich dich.

Du ignorierst mich und rufst mich Tage nicht an,
du gehst nicht an dein Handy ran,
du bist mit deinen Freunden froh
und mir sagst du noch nicht mal »Hallo«.

Du sagst mir, dass du dich langsam befreist
und jetzt endlich mehr über dich selber weißt.
Du sagst nicht »Danke«, nur »Lebwohl«,
denn mit mir als Müllschlucker war's das dann wohl.
Ich gehör' in deine Vergangenheit,
denn ich erinnere dich zu sehr an die Zeit.
Du kündigst mir deine Freundschaft aus Gründen,
die allesamt in dem einen Grund münden,
nämlich dass ich zu viel weiß über dich,
und wichtiger als du selbst bin ich dir nicht.

Und ich, ich schlucke und geh.
Weil ich letzten Endes einseh',
dass das meine Aufgabe war.

Und du hältst mir das Messer an die Brust
und machst mir mehr als deutlich bewusst,
dass das zwischen uns ein Geheimnis bleibt,
das mir das Messer ins Fleisch reintreibt,
wenn ich auch nur ein Wort drüber verlier',
mit Tod und Folter drohst du mir.
Natürlich nicht.

Aber wenn ich einfach nicht mehr kann,
wenn ich voll bin, irgendwann.
Weil es scheint, als hätt' die ganze Welt
ihre Probleme bei mir abgestellt.
Als müsst ich für jeden Menschen Verantwortung tragen,
dann MUSS ich es einfach jemandem sagen!

Ich pass schon auf auf dein Problem,
ich überleg mir sehr gut und genau, wem
ich Teile davon erzähl,
aber dass ich mich damit allein weiterquäl',
das kannst du mir bitte nicht abverlangen!
Und doch sagst du, ich hätt' dich hintergangen.
Du kannst mir so enttäuscht in die Augen schauen
und sagen, du könntest mir nicht mehr vertrauen.

Du hast eben erwartet, dass Müllschlucker schlucken
und dabei nicht mit der Wimper zucken.
Du hast halt gedacht, ich halt' das schon aus
und wenn ich's nicht schaffe, ist's zwischen uns aus.

Und was macht es da für einen Unterschied,
dass man dein Messer von außen nicht sieht?
Wo du mir ja doch den Todesstoß gibst
und mir zeigst, dass du an mir nur dich selber liebst?
Was tut das für mich da schon groß zur Sache,
dass ich mich nur selbst zur Schlampe mache?
Denn Schlucken ist Schlucken und so fühlt's sich auch an.
Wo liegt der verdammte Unterschied dann?
Nur dass du nicht »Schlampe«, sondern »Freundin« sagst?
Dass du mich nicht zwingst, sondern vorher fragst?
Nur dass du nicht wörtlich »Verpiss dich!« schreist,
sondern mir das halt irgendwie anders zeigst?

Ich wollt' nur sagen, dass ich kein Müllschlucker bin.
Und jetzt wirf dein Problem ruhig vor mich hin!
Ich kann dir versprechen, ich schlucke es brav.
Wenn ich nur auch mal was teilen darf.

Akt III

»Faust:
Mein schönes Fräulein, darf ich wagen,
Meinen Arm und Geleit Ihr anzutragen?:

Margarete:
Bin weder Fräulein, weder schön,
kann ungeleitet nach Hause gehn.«

(J. W. v. Goethe: Faust. Der Tragödie Erster Teil.)

Achtsamkeit

Viele meiner Freunde und vor allem Freundinnen haben seit Kurzem etwas Neues für sich entdeckt: das Achtsamkeitsmodell. Damit ist im Grunde nur gemeint, dass man auf sich selbst schaut, in sich reinhört und auch mal sich selbst an erster Stelle sieht.

Ich habe also auch mal in mich selbst reingehört, ganz tief hab ich in mich reingehört, und da war eine kleine Stimme, eine Stimme, der ich in den vergangenen Wochen zu wenig Aufmerksamkeit geschenkt hatte, und sie sagte mir, dass mich, also mich ganz persönlich, die Achtsamkeitsübungen meiner Freunde derbe ankotzen.

Ich kann es ernsthaft nicht mehr hören!

»Achtsamkeit.«

»Achtsamkeit.«

»Ich hab jetzt Achtsamkeit für mich entdeckt.«

Ja, wow, Stephanie!

Hast du vielleicht sonst noch was entdeckt? Einen neuen Zwergplaneten oder so? Oder wie man seinen eigenen Ellenbogen ablecken kann? Denn das mit der Achtsamkeit, das hast du schon erzählt. Und nicht nur einmal, Stephanie, du erzählst mir in jedem einzelnen verdammten Telefonat von deiner Entdeckung, und da hab ich gedacht, vielleicht gibt's ja nun endlich mal was Neues.

Nicht, dass irgendetwas daran falsch wäre, in einer Welt voller Termine und Erwartungen und Burn-outs öfter mal auf den eigenen Körper zu achten, sich Zeit für Entschleunigung zu nehmen, ein bisschen weniger Zucker zu essen oder einfach tatsächlich mal das zu tun, was dir guttut, aber wenn ich den Infizierten so zuhöre, dann fällt es leicht, zu glauben, das Spannendste, was die tief in sich drin entdeckt haben, sei ihr eigener Dickdarm gewesen.

Wenn du nach einem Monat Achtsamkeit, in dem du versuchst, dich mehr auf das zu konzentrieren, was dich ausmacht oder dich bereichert, feststellst, dass das nicht der Sport Yoga an sich oder irgendeine total coole emphatische Eigenschaft oder ein ganz besonderes Hobby, sondern offenbar die reine 24 Stunden andauernde Beschäftigung mit dir selbst ist, dann bist du vielleicht einfach ein verdammt langweiliger Mensch.

Und deine eigenen Bedürfnisse immer an vorderster Stelle zu sehen, das kannst du schon Achtsamkeit nennen, ich glaube aber, da gab es auch schon ein Wort dafür, bevor der erste Guru aus dem indischen Ashram ausgebrochen ist, nämlich Egoismus.

Ja, jetzt hab ich's gesagt: Ich finde Menschen wie Stephanie egoistisch.

Freundinnen wie Stephanie, die sagen, dass sie in der letzten Hypnosesitzung in ihre Kindheit gereist seien und da gemerkt hätten, dass es in ihnen total das Bedürfnis gebe, in den Freizeitpark im Spreewald zu gehen. Und dann fährst du da hin, und fünf Minuten vor eurer Verabredung rufen dich diese Freundinnen an und sagen nicht etwa: »Hey, ich hab's vercheckt!«, sondern: »Hey, ich wollte jetzt einfach mal schnell mit dir sprechen, ich hab so gemerkt, ich brauch das gerade für mich, dass ich noch 'n bisschen ruhiger mache heute und einfach zu Hause bleibe.«

Und statt: »Tut mir Leid«, sagen sie: »Ich hoffe, du verstehst das. War mir jetzt einfach wichtig, dass wir miteinander reden, damit da auch alle negativen Gefühle aus der Bahn sind, weil ich gemerkt habe, dass mir das nicht guttut. Und da dachte ich: Das ist jetzt einfach besser, wenn ich dich anrufe, als schnell 'ne SMS zu schreiben.«

Und statt: »Nee, Stephanie, nee, versteh ich nicht und das ist auch nicht cool, dass ich gerade in die hässlichste Gegend Deutschlands gefahren bin und dir jetzt einfällt, dass du ja Achtsamkeit entdeckt hast, du dumme Yoginirette!«, sagst du dann: »Okay … Äh klar, mach ruhig ruhiger, du, wenn du das brauchst, dann logisch, nä? Und … äh, danke? Also, dass du angerufen hast.«

Und dann sagen diese Menschen wie Stephanie: »Na klar! Für dich doch immer. Das war mir wichtig, echt.«

Und dann gehst du allein in den Vergnügungspark im Spreewald, weil Stephanies innere Stimme dir über Umwege gesagt hat, dass du das jetzt brauchst.

Achtsamkeit ist ein Arschloch, weil es die Yogakids total aus der Verantwortung nimmt.

Mit inneren Stimmen lässt sich nur schlecht diskutieren. Das reflektiert wirkende »Ich brauche das gerade für mich« ist ein Totschlagargument, und je mehr dieser Leute ich in meinem Leben habe, desto mehr merke ich einfach für mich persönlich, dass ich das Wort »Totschlagargument« ab und zu gerne wörtlich nehmen würde.

Wenn dich ein Freund versetzt, weil er verplant ist, kannst du einfach sauer auf den sein, und wenn dir deine Angestellte sagt, dass sie den Job, den sie angenommen hat und für den die Deadline morgen früh ist, jetzt doch lieber nicht machen will, sondern in den Urlaub fährt, dann kannst du ihr erklären, dass sie den Urlaub gerne nehmen kann, wenn der verdammte Job erledigt ist, weil du sie sonst nämlich kündigst. Aber wenn Stephanie dich in der Pause vom Theater anruft und dir sagt, dass sie deine Kinder, jetzt, wo sie sie gesehen habe, lieber doch nicht babysitten wolle, weil sie in ihre Gebärmutter rein- gehorcht habe und die einfach gerade nicht durch frem- de Kinder unter Druck gesetzt werden wolle, was machst du dann?

Diskutier mal mit 'ner Gebärmutter! Noch dazu mit 'ner fremden!

Die Gebärmutter auszuspielen, ist richtig fies. Das ist ungefähr so, als hätte Jesus höchstpersönlich deiner Freundin gesagt, dass sie dich im Stich lassen soll.

Und niemand, glaubt mir, niemand will eine Gebärmut- ter, die unter Druck ist! Auch keine fremde.

Die Achtsamkeitsjünger und -jüngerinnen sind aber na- türlich nicht monofaktoriell scheiße.

Neben ihrem grenzenlosen Egoismus und der gleich- zeitigen Unangreifbarkeit, indem sie alles, worauf sie kei- nen Bock haben, auf diverse innere Organe oder Stimmen schieben, gehört selbstverständlich auch eine gewaltige Portion Arroganz zum Programm.

Es scheint mir diese Arroganz genau jene zu sein, die seit Jahrzehnten den Falschen, nämlich Veganer*innen, vorgeworfen wird.

Während ich nie verstehen konnte, was denn so unglaublich überheblich daran sein soll, einfach nichts essen zu wollen, das tot ist, und zwischendurch, wenn andere Witze über dich machen – nachdem du mitgelacht hast, laut genug, dass dich auch ja niemand für humorlos halten könnte –, darauf hinzuweisen, dass es vielleicht gar nicht so viel perverser sei, Tofu in Wurstform zu kaufen, als etwas zu essen, dessen Herstellung es beinhaltet, ein süßes Lebewesen zu töten, es zu schreddern, die verschiedenen Blutstadien so zusammenzupantschen, dass das lächelnde Gesicht eines anderen süßen Lebewesens entsteht, und dann die fleischige Masse in den eigenen Darm des getöteten Lebewesens zu stopfen, kann ich die Selbstgefälligkeit, die in den Erzählungen der Achtsamen von ihrem Frühstück mitschwingt, auch mit Schallschutzkopfhörern nicht überhören.

Achtsamkeit sollte bedeuten, rauszufinden, was dir guttut. Und obwohl ich für uns alle hoffe, dass es etwas Spannenderes an und in uns gibt als unseren Dickdarm, gehört der natürlich dazu.

Das ist okay. Ich finde nicht, dass irgendjemand essen sollte, was er oder sie nicht verträgt. Ich finde es wichtig, dass Menschen sich so ernähren können, dass es ihnen Kraft gibt und sie nicht den Rest des Tages auf der Toilette verbringen müssen, nur weil ihnen ihr innerer Darm gesagt hat, dass sie das jetzt brauchen.

Aber ich möchte WIRKLICH keine Ernährungstipps und ja, verdammt, ich WEIß, was du jeden Tag frühstückst, seit du Achtsamkeit entdeckt hast, denn du hast es mir erzählt, auch schon mehrmals, ja, und nein, ich will nicht mit dir darüber sprechen, was das mit mir macht, wenn ich das höre.

Ich akzeptiere deine Essgewohnheiten, solange sie nicht das rohe Fleisch eines Menschen beinhalten.

Aber ich will WIRKLICH nicht noch mal hören, dass es bestimmt auch mir guttun würde, morgens einfach ein, zwei Stündchen früher aufzustehen und nach einer ausgedehnten Qi-Gong-Runde gemütlich einen Chiapudding zu löffeln und ein bisschen heißes Wasser zu trinken.

Danke, Stephanie, danke für deinen Tipp, ich freu mich, dass dir das hilft, aber weißt du, ich, ich ganz persönlich, hab für mich einfach gemerkt, dass es mir guttut, wenn ich morgens ein, zwei Stündchen länger liegenbleibe und schlafe! Das verstehen natürlich auch meine Dozent*innen, denn hey, meine Gebärmutter hat auch gesagt, dass ich das brauche! Und das Einzige, was ich höre, wenn ich nach einem Chiapudding in mich reinhorche, ist das Knurren meines Magens. Und wenn ich Glück habe, kann ich irgendwo weit hinten an meinem Körper, da, wo man viel zu selten genau hinhorcht, ein Pupsen vernehmen, denn das ist es, was Chiapudding mit mir macht, Stephanie, es macht mich hungrig und es macht mir Blähungen, und ich glaube nicht, dass du Lust hast, mit meiner Gebärmutter zu streiten, wenn sie hungrig ist und Blähungen an ihr vorbeiziehen UND sie auch noch müde ist, weil ich ein, zwei Stündchen früher aufgestanden bin!

So sehr es mich der trendige Egotrip um mich herum nervt, so sehr bezweifle ich, dass das irgendjemandem so viel gibt, wie er behauptet.

Du hast den Kapitalismus eben nicht überwunden, nur weil du dein Geld nicht mehr in tausende von Plastikteilen steckst, die du nicht brauchst. Es ist ganz genau so schlimm, sein Geld in tausende von Büchern und Duftkerzen und Übungs-DVDs und Superfoods und Workshops zu stecken, die du nicht brauchst, die dir aber erzählen, dass du in deinem Leben überhaupt viel weniger brauchst.

Du bist kein besserer Mensch, weil du all die Klamotten, die du aus Kinderarbeit und in zahlreiche Verpackungsformate eingeschweißt über Amazon bestellt hast, jetzt, nachdem du dir über Amazon das Buch von Marie Kondo bestellt hast, wegschmeißt. Und nein, dass du dich vorher bei jedem einzelnen Kleidungsstück bedankst, macht es nicht besser!

Bitte erzähl mir nicht, dass mein Lifestyle, solange er sich nicht Achtsamkeit nennt, Ausdruck meiner inneren Leere sei, denn wenn ich mir anschaue, was in deinem Inneren so alles drinzustecken scheint, bei all dem Kram, den du da drin hören willst, bin ich eigentlich ganz froh, wenn es bei mir ein bisschen leerer ist.

Und Stephanie, wo wir gerade dabei sind: Wenn du schon in dich reinhörst, dann hör doch bitte auch genauer hin!

Dass du deine Wohnung im Feng-Shui-Stil einrichten musst, das hat dir nämlich nicht dein Bauch gesagt, sondern Netflix.

Dass so etwas wie Chiapudding überhaupt existiert, weißt du nicht aus deiner Gebärmutter, sondern wahrscheinlich aus dem Internet oder vielleicht aus einem der zehn Milliarden Ratgeber, die du dir bestellt hast, um deine innere Leere zu füllen.

Und weißt du was, Stephanie? Das ist schon okay so.

Du bist ja nicht allein.

Bei dir ist es eben Achtsamkeit, bei anderen ist es ein Helfer-Komplex oder Sport. Oder ein wirklich spannendes Hobby.

Wir tun alle Dinge, um die innere Leere zu füllen, daran ist nichts verkehrt. Und ich glaube, wenn wir dabei nicht komplett alles und alle um uns herum vergessen, dann ist das nicht so schlimm.

Sagt jedenfalls meine Gebärmutter.

Pick-me-up-poem

Schau dich an! Nein ... Ich sag: Schau dich an!
Du bist hier.
Sieh nur, was aus dir geworden ist!
Schau dich an, sag ich, denn das alles, das gehört dir.
Der ganze Moment und alles, was in ihm verborgen ist.

Ich sag: Schau dich an!
Deine Knie waren aufgeschlagen.
Und jetzt: Du bist hier.
Und wenn man nicht so genau hinschaut, sieht man nicht
mal mehr die Narben.

Ja, du lagst am Boden,
ja, man hat dir ein Bein gestellt – mehr als eins!
Man hat dich bespuckt, beschimpft und belogen.
Ja, du hast nächtelang geweint.
Ja, du bist gefallen,
und ja, als du lagst, trat man auf dich drauf.
Aber hey, schau dich an:
Du standest auch wieder auf.
Und jetzt bist du hier.

Ich sag: Sei stolz auf dich!
Du hast Großes erreicht.
Ich sag: Erinnere dich!
Es war nicht immer leicht.
Ich sag: Mein Gott, wie schön du bist.
Du strahlst von innen raus.
Ich sag: Mein Kind, sei dir gewiss,
dass du dein Lächeln heut' noch brauchst.
Ich sag ja gar nicht, dass es leichter wird ab jetzt.
Das Leben ist manchmal nicht gut zu dir.
Und du hast dir verdammt hohe Ziele gesetzt,
aber immerhin, sag ich: Du bist hier.

Wenn du mich früher gefragt hast: Ist das normal?
Dann hab ich gesagt: Na, hoffentlich.
Ich wusste, es ist nicht leicht, wenn man von innen raus
strahlt.
Doch die Türen, die du jetzt einrennst, standen immer
schon offen für dich.

Ich sag: Schau dich an!
Deine Knie waren aufgeschlagen.
Und jetzt: Du wirst geliebt.
Und es gibt Menschen, die würden dich auf Händen
tragen!

Und ja, du hast gedacht, dein Licht sei ein Schatten.
Ja, sie haben gesagt, du bist nicht ganz dicht.
Ja, du hast was, was die anderen nicht hatten.
Ja, sag ich, und genau das ist dein Licht.

Ich sag: Schau doch, wie du leuchtest!
Das sieht die ganze Welt!
Sag mir, ist Angepasstheit das, was du bräuchtest?
Ich sag: Ja, wenn du dein Licht unter den Scheffel stellst.
Ich sag: Gib nicht auf!
Du bist so weit gekommen!
Ich sag: Für dich geht's nur bergauf!
Dich hat niemand an der Hand genommen
und schau dich an!
Du bist trotzdem hier.
Und das, sag ich, das verdankst du nur dir.
Ich sag: Du bist, wie du bist,
und das ist perfekt.
Ich mag nicht, dass du vergisst,
was alles in dir steckt.
Ich sag: Weißt du noch damals?
Die haben dich ausgelacht!
Ich sag: Weil du strahlst!
Und ja, es hat dir was ausgemacht.
Ja, du wolltest sein wie alle anderen.
Ja, du warst bereit, dich aufzugeben.
Ja, du bist gestolpert, statt zu wandern,
nein, es war kein leichtes Leben.
Ja, es gab Steine.
Ja, es gab Phasen.
Ja, du warst ziemlich lang alleine,
und nein, das hier ist nicht das Glück, von dem alle
sprachen.
Aber es ist dein Glück, also nimm es dir!
Ich sag: Schau dich an!
Begreifst du nicht? Du bist hier!

Frag mich bitte nochmal: Ist das normal?
Und ich sag dir: Na, hoffentlich nicht!
Normalerweise bleibt so ein Leben grau und fahl
und erfüllt nicht all das, was es dir grad verspricht.

Ich sag: Schau dich doch an!
Was du alles hast!
Und denk nicht immer nur daran,
was du verpasst!
Ich sag: Du lebst dein Leben.
Und das machst du gut.
Ich sag: Du kannst so viel geben!
Verlier nicht den Mut!
Ich sag: Schrei's in die Nacht!
Du stichst heraus !
Du hast so viel vollbracht!
Ich sag: SCHREI! DAS! RAUS!
Ich versteh schon, das hier fühlt sich nicht an wie das Ziel.
Und ich glaub auch nicht, dass es das ist.
Aber von allem, was geht, ist das hier schon viel,
und ich will, dass du stolz auf dich bist.
Ich will, dass du weißt:
Läuft bei dir!
Und dass du überreißt:
Mein Gott, du bist hier.

Ich sag: Schau dich an!
Deine Knie waren aufgeschlagen.
Und jetzt: Du bist dran!
Du musst niemanden mehr um Erlaubnis fragen!

Ich sag: Du gehst da jetzt raus!
Und wenn du einkaufen gehst, kauf Popcorn ein!
Denn deine Zukunft sieht spannender als jeder Kinofilm aus
und ich hab gehört, die Hauptperson soll heiß sein.

Ich sag: Geh zur U-Bahn oder Einkaufen!
Aber geh, als würde die Welt ein Catwalk sein!
Denn um aufrecht und mit Stolz zu laufen,
musst du nicht groß und skinny sein.
Ich sag: Ich weiß, es fällt dir schwer, dran zu glauben.
Ich weiß, du hast Zweifel an dir!
Aber, sag ich, lass dir den Moment nicht rauben!
Du hast es geschafft, sag ich, du bist hier!

Ich frag dich: Ist jemals jemand angestoßen,
weil er ganz genau so wie alle anderen war?
Und, frag ich dich, was macht sie aus, die ganz Großen?
Richtig, sag ich, sie sind nicht normal.
Ich sag: Das, was dich besonders macht,
dein Funken, dein Licht,
hat dich bis hierhergebracht,
deshalb schäm dich doch nicht!
Sieh auf deine Knie,
du hast sie dir aufgeschlagen.
Und?, frag ich dich, bluten sie?
Nein, und man sieht nicht mal mehr die Narben.

Ich sag: Schau dich an!
Schau: Die Depressionen, Ängste und Verletzungen
hast du überwunden.
Wenn auch nur für jetzt und den
Moment. Aber immerhin den, den hast du gefunden.
Schau dich an! Nein. Ich sag: Schau dich an!
Du bist hier.
Wow.

#MeToo

Mit 17 sagte ich still:
Ich will.
Will alles!
– Oder nichts.
Für mich soll's gleiche Rechte regnen
mir sollten sämtliche … Männer mit Respekt begegnen.
Die Welt sollte sich umgestalten
und ihre Schwänze für sich behalten.

Mit 17 vergaß ich auf einer Party die Zeit und kam nicht mehr nach Hause.

Ein 27-jähriger Politikstudent, mit dem ich mich gut unterhalten hatte, bot mir sein Gästesofa an.

Auf der Busfahrt zu seiner Wohnung erzählte er, dass man mit 27 natürlich schon darüber nachdenke, eine Familie zu gründen, zu heiraten, Kinder zu haben.

Zehn Minuten später hatte er mir den BH ausgezogen.

Ich sagte: »Nein.«

Er fragte: »Warum?«

Ich zitterte.

Er sagte: »Bitte!«

Ich drückte ihn weg. Er atmete schwer.

Ich zog meine Hand weg. Er zog sie in seine Hose.

Mit 17 floh ich mitten in der Nacht halbnackt aus einer fremden Wohnung, in der ein zehn Jahre älterer Mann mein Nein nicht akzeptieren wollte. Hätte er mich festgehalten, dachte ich, wäre ich selbst schuld gewesen. Ich zeigte ihn nicht an.

Mit vier übernachtete ich bei einem Jungen, der schon zur Schule ging. Ich wachte auf, weil er mich festhielt und ankündigte, wir würden jetzt »ficken«. Ich wusste nicht, was das bedeutete, und hatte Angst, seine Eltern zu wecken. Er zeigte mir seinen Penis und versuchte, von hinten in mich einzudringen.

Ich fühlte, dass ich mich irgendwie noch mehr hätte wehren sollen, außerdem war ja nichts passiert, also erzählte ich es nie jemandem.

Mit sechs hatte ich nur Lehrerinnen und trug kurze Haare. Die Jungs ärgerten mich, weil ich kein richtiges Mädchen sei und eine Jungenfrisur hätte.

Mit zwölf wuchsen mir langsam Brüste.

Mit zwölf ging ich an einem sonnigen Tag um die Mittagszeit an einer großen Straße entlang und fragte einen Mann im Anzug und mit Aktentasche nach dem Weg.

Erst zeigte er mir den Weg, dann begann er, mich zu bedrängen. Er fragte, ob ich mit ihm schlafen würde, ich sagte: »Nein.«

Er fasste mir an den Hintern und sagte, mein Kleid sei so schön, ich schwieg aus Angst.

Er sagte, ich würde seiner Ex-Frau so ähnlich sehen, ich sagte, ich sei zwölf!

Er sagte, er hätte Kondome dabei. Ich weinte, er zog mich in eine Einfahrt, ich lief weg.

Mit zwölf rannte ich so schnell ich konnte auf die Türen einer S-Bahn zu und fuhr weinend und zitternd nach Hause, ohne dass jemand fragte, was los sei.

Mit zwölf beschloss ich, dieses Kleid nie wieder anzuziehen und dass ich Jeans hätte tragen sollen, und erzählte es keinem.

Mit 15 dachte ich, »Feministin« sei ein Schimpfwort.

Mit 15 sah ich das erste mal *Germany's Next Topmodel*, weil alle darüber sprachen. Ich hatte damals Idealgewicht und war im Sommer darauf trotzdem wochenlang damit beschäftigt, zu hungern. Ich aß nur noch Äpfel und Weintrauben, weil andere noch dünner waren, die im Fernsehen weniger wogen und ich beliebter bei den Jungs und überhaupt schöner sein wollte.

Mit 15 fiel ich bei einer Theaterprobe um, weil ich seit Tagen nichts gegessen hatte.

Mit 16 verfolgte mich ein angesehener Mann unserer Kleinstadt auf dem Schulweg, verwickelte mich in Gespräche, stoppte mein Rad, kam mir viel zu nah und legte mir gutväterlich seine Hand auf den Arm oder aufs Bein.

Als ich eine andere Route wählte und er mich sah, nahm auch er diese Route. Einmal war ich in der Zeitung, und er rief mir zu, er hätte den Artikel ausgeschnitten und bei sich aufgehängt.

Ich hatte Angst, wollte aber nicht unhöflich sein.

Also sagte ich nichts.

Mit 16 gab sich jemand als Fahrkartenkontrolleur aus, um meine Adresse herauszufinden, mit 16 strich jemand im Bus mit seinem Bein an meinem hoch, mit 16 bekam ich auf Lokalisten.de mein erstes Dick Pic.

Mit 17 warfen mir Mitschüler vor, ich sei nur so gut in der Schule, weil ich mit den Lehrern schliefe.

Mit 17 hielt mir ein fremder Mann ein Video vors Gesicht, auf dem er Sex hatte.

Mit 17 führte unser Englischlehrer das Thema »Datensicherheit im Internet« ein, indem er uns einen erigierten Penis in Boxershorts, den des US-Abgeordneten Anthony Weiners nämlich, zeigte und die Mädchen der Reihe nach fragte, was sie glaubten, auf diesem Bild zu sehen.

Mit 17 trug ich wieder kurze Haare, und manche der Jungs nannten mich Kampflesbe.

Mit 18 trug ich ein Gedicht auf einem Poetry Slam vor, in dem es um Abtreibung ging. Der Auftritt wurde gefilmt, und plötzlich erhielt ich Mails, in denen mir Vergewaltigungen angedroht wurden.

Mit 18 las ich unter den YouTube-Videos meiner Texte, ich sei »eine dumme Hure« und gehöre »weg-gecockt«.

Mit 19 schrieb ich einen lustigen Text, ein Kollege riet, ich solle doch bei »Mädchenlyrik« bleiben. Später sagte er mir, für 'ne Frau sei ich ganz witzig.

Mit 20 behauptete ein Professor, Frauen hätten in der Wissenschaft nichts verloren.

Mit 21 lief ich durch einen ICE voller betrunkener männlicher Fußballfans und wurde ungefähr zwanzigmal angefasst.

Mit 22 sang ich einem Professor an einer Musikhochschule vor, der mir ein zweideutiges Angebot machte. Er schaute mir unverhohlen auf die Brüste und sagte, ich hätte ja die Figur einer Sängerin. Dann schlug er vor, wir könnten uns etwas kennenlernen, und schwieg daraufhin minutenlang. Als ich nichts sagte, meinte er enttäuscht: »Dann singen wir eben.«

Mit 23 berührte mich ein Mann in der Bahn mehrfach scheinbar unabsichtlich und holte dann sein Glied vor mir aus der Hose, während alle anderen einfach wegsahen.

Mit 24 wagte ich es, einem Pulk junger Männer, die anzügliche Kommentare und Geräusche machten, entgegenzurufen, ich fände ihre Äußerungen eklig und würde auch als Frau gerne unbehelligt eine Treppe runtergehen können. Sie liefen mir nach, bespuckten mich, brüllten mir »Fotze« und anderes hinterher und brachten es schließlich auf den Punkt: »Du bist 'ne Frau, du brauchst dich nicht wundern, wenn jemand was sagt!«

Ich bin jetzt 25.

Ich habe nie hungern müssen, musste nie vor Krieg fliehen, habe als Kind nicht gearbeitet und wurde nicht zwangsverheiratet. Ich hatte Zugang zu Bildung und sauberem Trinkwasser, ich bin krankenversichert, ich konnte studieren und Nachhilfe nehmen. Die Luft, die ich geatmet habe, war immer sauber genug. Ich wurde nie aufgrund meiner Hautfarbe diskriminiert und nie aufgrund meiner Herkunft ausgeschlossen, und wenn die Welt morgen untergeht, dann ist das zumindest erst mal nicht meine.

Ich bin privilegiert.

Aber ich bin auch – eine Frau.

Neulich sagte ein Professor, alle großen Errungenschaften der Kultur kämen von Männern.

Neulich fragte ein Zuschauer, warum es so wenig Frauen auf Bühnen gäbe.

Neulich warf mir jemand vor, ich würde zu viele Sexismus-Texte schreiben.

Neulich sagte ein Jugendlicher, Frauen in Deutschland seien schon längst gleichberechtigt.

Aber mit 17 sagte ich still:

Ich will.

Will alles!

– Oder nichts.

Und dass ich das erlebt habe

und dass die meisten Frauen vermutlich jederzeit eine ähnliche Liste schreiben könnten

und dass wir 2019 haben und in einem der am weitesten entwickelten und reichsten Länder der Welt leben und dass mich all das und mehr noch trotzdem betrifft,

das ist schon mal ganz sicher nicht alles.

Deswegen:

Weiterkämpfen. Weiterträumen.

Bis es rote Rosen regnet.

Und zwar für alle!

Aufnahmeprüfungen
Ein Sommer

Lieber Bewerber, liebe Bewerberin!
Leider hat die Kommission beschlossen, Sie aus den folgenden
zwei Gründen abzulehnen:
1. Sie besitzen KEINERLEI sängerische Begabung.
2. Sie besitzen KEINERLEI künstlerische Begabung.

In diesem Raum sind alle seit Monaten unterwegs.

Die Sonne scheint, die Gesichter glänzen von lauter Make-up, das über die Müdigkeit hinwegtäuschen soll.

Neben mir knabbert ein Mädchen nervös an ihren rotlackierten Fingernägeln, die abgesplitterte Farbe bleibt ihr zwischen den Zähnen hängen. Es sieht aus, als hätte sie eine sehr horrorfilmartige Art von Zahnfleischbluten.

Da ist diese Grundfrequenz. Sicher, einige unterhalten sich, aber das ist es nicht.

Es ist diese Grundfrequenz aus Lippen, die sich fast tonlos zum immer wieder durchgekauten Text bewegen, Stimmen, die leise abtasten, wie gut die Höhe heute sitzt, Fußspitzen, die in Schuhen im Takt gegen die Sohle ticken, Mittelfingern und Daumen, die vor Aufregung aneinander reiben, ein kollektives Schlucken, immer wieder, ein kollektives Wasserflasche-Ansetzen, Lippen-Benetzen, Wasserflasche-Abstellen. Versetzt dazu steht jemand auf, geht ein paar Schritte, fällt eine Toilettentür ins Schloss, hört man den Wimpernaufschlag beim In-den-Spiegel-Sehen, Schminke-Überprüfen, Selbstsicher-Lächeln, das Augenrollen beim Outfit-Abchecken im Augenwinkel, was hat die denn an, hätte ich vielleicht auch, vielleicht doch das rote Kleid, ich hätte die Haare offen lassen sollen ... Und dazu diese angespannte, dünne Luft.

In die hinein sagt immer wieder jemand: »Entschuldige, du kommst mir so bekannt vor.«

Die Antwort sind Städtenamen: »Weimar vielleicht?«

»Nee, aber Köln warst du. Oder?«

»Ja! Und Salzburg!«

»Klar! Salzburg, du warst da auch in der zweiten Runde, oder?«

»Deine wievielte?«, wird zur Passwortsfrage.

Dabei besteht kein Grund, das zu fragen. Man sieht es unter den Lidschatten, an den Schatten unter den Lidern.

Die Frischen, Unbedarften, die, die sich schon sicher sind, die Verzweifelten, die Resignierten, die, die es ein bisschen zu sehr wollen, die, denen nicht klar ist, worum es hier geht, die Unsicheren, die Nervösen, die Pechspilze, die Internationalen, die Arroganten, die, die in Gruppen reisen und sich dadurch schon zur Hälfte aufgenommen fühlen.

Deine wievielte?

Wir reisen durchs Land.

Seit Monaten schon. Präsentieren uns. Immer wieder neu, immer wieder dasselbe Programm, immer wieder die Frage: »Womit möchten Sie beginnen?«

Immer wieder abwägen, immer neu nachdenken, sich sicher sein, immer neu zweifeln, immer neu in die Gesichter sehen, ein freundliches Lächeln suchen, nach Reaktion in den eingefrorenen Zügen forschen, sich nicht verunsichern lassen, wenn die da vorne auf ihr Handy sehen, wenn sie tuscheln, laut genug, dass man es hört. Einmal geht eine Professorin sogar ans Telefon, während ich singe, immer neu Feedback entgegennehmen, dankbar lächeln, nicht argumentieren, alles auf sich beziehen, nichts persönlich nehmen, Wahrheit akzeptieren, auch dann, wenn sie sich immer neu widerspricht, Tränen runterschlucken, im Bad einschließen, leise schluchzen, Gesicht waschen, den anderen Glück wünschen, nicht zu laut jubeln, Rücksicht auf die Trauer der anderen nehmen, nicht aufgeben, nicht abheben, seit Monaten schon.

Wenn wir uns sehen, freuen wir uns.

Wir fallen uns in die Arme, sind laut, sprechen hoch, lachen, freuen uns füreinander, machen »Ooh!« und »Och!«, zeigen Mitleid, streicheln dreimal schnell und fest über den Rücken, meinen es ernst, aber nur für den Moment, wir wirbeln herum, tanzen auf der Stelle, legen ein »Nänänä« unter alles, was wir sagen.

Wir erzählen uns unsere größten Geheimnisse in dieser Zeit, Freundschaften entstehen, nachts schlafen wir Kopf an Kopf auf Isomatten, wir trinken literweise Tee zusammen, an freien Tagen liegen wir gemeinsam im Park, füttern uns mit Kirschen und erträumen uns eine Zukunft, wir fahren so viel Auto und so viel Zug in diesen Tagen, man könnte mehrere Roadtrip-Movies aus unserem Sommer basteln. Wir verbringen Zeit auf engstem Raum, gezwungenermaßen, essen gemeinsam, verabreden uns, sind schneller versucht als sonst, uns in Gruppen zusammen zu schließen, uns Verbündete zu suchen.

Wir sind und bleiben immer Konkurrentinnen in diesen Tagen. Manchmal spüren wir es nicht. Wir wünschen es jeder von Herzen, aber uns am meisten, wir werden missgünstig in dieser Zeit, wir lernen, zu gönnen, wir lernen, zu neiden, in dieser Zeit.

Lieber Bewerber, liebe Bewerberin,
Leider hat die Kommission beschlossen, Sie aus den folgenden zwei Gründen abzulehnen:
1. Sie besitzen keinerlei praktische Begabung.
2. Sie besitzen keinerlei Begabung.
Wir teilen Ihnen daher mit, dass Sie keinen Platz im Leben erhalten haben.

In diesem Raum sind alle seit Monaten unterwegs.

Immer, wenn eine aus der Tür tritt, fragt ein Chor: »Und?«

Irgendwie anteilnahmslos, neugierig aber nach Informationen, die gegen die eigene Nervosität helfen könnten, irgendwie auch mitleidsvoll, gespannt. Ein Kopfschütteln, ein flüchtig-schüchternes Lächeln, ein lautes Aufweinen, ein Wutausbruch, ein Jubelschrei, ein Zurkenntnisnehmen ... Das sagt uns viel über die Persönlichkeit in diesen Tagen.

Wir halten uns gegenseitig, hier geht es um alles.

Wir entdecken das Schönste aneinander, wir verlieben uns, in diese fremden Städte, ineinander, in den Sonnenschein, den wir viel zu selten sehen, dafür viel zu häufig stickige Warteräume mit dünner Luft, viel zu kurze Vorbereitungszeit in schweißgetunkten Räumen mit verstimmten Klavieren, wir verlieren viele Haarnadeln in dieser Zeit, wir trinken viel in fremden Bars, wir schlafen viel bei halbguten Bekannten, alles ist möglich in diesen Tagen, jede Zukunft vorstellbar, wir stellen uns vieles vor in diesem Sommer.

Nachts flüstern wir über die Liebe, über Alpträume und Ängste.

So gut hab ich nie jemanden gekannt, kommt es mir vor.

Überall sind Chancen, in jeder Stadt könnten wir unglücklich werden, die Prioritäten liegen offen wie unsere Verletzungen, die wir miteinander teilen.

Wir lernen, unseren Gefühlen zu misstrauen.

In dieser Zeit passiert viel mit uns.

Wir verändern uns, werden härter, abgestumpfter, heller, reifer, lachen mehr, strahlen von innen, wir weinen viel in diesen Tagen, wenn wir jemanden treffen, kommt es uns vor wie ein Jahr, wir kommen ins Erzählen, niemand versteht uns, kommt es uns vor.

Zum ersten Mal sind wir frei, wir haben die Füße auf den Zugabteilsitzen.

Wir essen viel Eis in vielen verschiedenen Städten, mit vielen verschiedenen Menschen, manche sehe ich nie wieder.

Wir haben einen hohen Strumpfhosenverschleiß in diesen Tagen, wir sehen oft aus wie Prinzessinnen.

Wir schauen uns sehr genau an. »Und?«, fragen wir. Immer wieder. »Und?«

Wir glauben nicht, dass wir uns je wieder trennen sollen.

Niemand kann sich vorstellen, dass das hier irgendwann wieder endet.

Alle wünschen wir uns, dass es bald endet.

Niemand will, dass es vorbei ist.

Sehr geehrte Bewerberin, sehr geehrter Bewerber!
Wir freuen uns, Ihnen mitteilen zu können, dass wir Sie für das Leben an sich für geeignet halten und die Zugangskomission Sie für einen Platz im Leben vorschlagen möchte.
Dieser Vorschlag muss allerdings in den kommenden Wochen noch von Ihrer Umwelt bestätigt werden.
Bitte sagen Sie uns innerhalb der nächsten 24 Stunden verbindlich zu, damit wir die Zuteilung zu Ihren Sehnsüchten planen können.

Das hier ist Wahnsinn.

Hier wird über alles entschieden in einem Sommer, in wenigen Tagen, innerhalb von einem Lied, zwei Minuten vielleicht, vielleicht ist es schon der Blick, wenn man eintritt in den Raum, vielleicht ist es schon entschieden, bevor man den Mund aufmacht, vielleicht beim ersten Ton, manches bleibt unerklärlich, wir schämen uns für unser Glück, wir hadern mit der Ungerechtigkeit, wir glauben, wir haben alles verdient.

Wir reden viel über das Glück in diesen Tagen.

Über Zufälle und Schicksal.

Hier wird alles hinterfragt, hier stehst du auf dem silbernen Tablett wie der Kopf des Jochanaan.

Hier musst du an dich glauben, sonst schaffst du es nicht.

Hier schafft es nicht jeder, der an sich glaubt.

Hier sitzen Henker in der Komission.

Hier Förderer.

Das hier ist das Leben.

Das hier ist eine Aufnahmeprüfung.

Eignungsprüfung.

Hier kann dir jemand sagen: ungeeignet.

Hier glaubt jemand, dich zu kennen, nach einem Ton, hier sagen sie dir was zu deiner Persönlichkeit, hier langen sie dich an mit schmutzigen Fingern auf die Seele, hier lachen sie dich aus, hier machen sie dir Hoffnungen, das hier ist das Leben.

In diesen Tagen trinken wir viel Limonade und essen viel Kuchen, wir formulieren viele E-Mails, treffen viele Entscheidungen, versuchen, uns sicher zu sein, sagen vielen Zukunftsentwürfen ab, verabschieden uns von all den Städten, in die wir verliebt waren, von diesem Sommer und auch irgendwie voneinander.

In diesen Tagen können wir keinen Ingwer mehr sehen.

Wenn wir erzählen, ärgern wir uns, aber unsere Augen leuchten, hier tasten wir uns vorsichtig aneinander heran, suchen nach Gemeinsamkeiten, finden uns gegenseitig seltsam, sprechen verschiedene Sprachen, kommen aus unterschiedlichen Ländern, glauben an unsere gemeinsame Zukunft, schließen uns ins Herz.

In diesen Tagen erzählen wir die Geschichte so, als wäre das Ende von Anfang an vorhersehbar gewesen.

In diesen Tagen erkennt man uns nicht wieder.

Wir denken, jetzt hätten wir uns bewiesen.
Wir haben keine Ahnung, was auf uns zukommt.
In diesen Tagen sind wir dankbar.
Für den Sommer, für die Prüfungen, füreinander.

Sehr geehrte Damen und Herren!
Gerade geht ein Traum für mich in Erfüllung. Mein größter,
ehrlich gesagt.
Herzlichen Dank für den Zulassungsbescheid!
Sehr gerne möchte ich den Platz im Leben annehmen und
sage Ihnen hiermit verbindlich zu.

Wir werden ja sehen, ob ich Begabung habe. Jetzt jedenfalls geht es erst los.

Fechten
Oder: Es gibt Dinge, die sind, wie sie sind

Es gibt Dinge, die sind, wie sie sind. Gut, ich gebe zu, die meisten Dinge sind, wie sie sind, aber es gibt auch Dinge, die nicht sind, wie sie sind, und es gibt sogar Dinge, die sind, wie sie nicht sind.

Das ist immer total schlimm für den Verbraucherschutz. Weil der dann in einer ganz schlimmen Identitätskrise steckt.

Es gibt ja zum Beispiel Menschen, die total nett sind … aber eigentlich gar nicht.

Besorgte Bürger sind meistens überhaupt nicht besorgt und teilweise nicht mal Bürger, sondern Bürgerinnen. Donald Trump ist ein sehr stabiles Genie, aber das stimmt gar nicht. Beck's ist Bier, aber Beck's ist vor allem: kein Bier. Die CSU ist die christlich soziale Union, die sich aber darüber definiert, weder christlich noch sozial zu sein UND sich nicht als Union, also als Einheit, zu präsentieren, sondern sich vom Rest Deutschlands abzuspalten.

Alternative Fakten sind widersprüchlicherweise gar keine Fakten, sondern Lügen.

Regelstudienzeit. Kalbsleberwurst. Kalbsleberwurst heißt Kalbsleberwurst, ist Kalbsleberwurst, aber eigentlich steckt Pferd drin.

Gute Bekannte. Das sind so Menschen, die man eben gar nicht besonders gut kennt oder die einfach nicht gut genug sind, um deine Freunde zu sein. Marmorkuchen ... Solche Dinge eben.

Dass es aber ganz einfach scheiße ist, wenn Frauen ständig belästigt werden, das ist so. Da hab ich persönlich auch wenige valide Gegenargumente gehört, na klar, die üblichen hässlichen Säcke mit Tiefbegabung, die ihren hochwertigen Senf zur Debatte geben müssen, indem sie »gleiches Recht für alle« fordern und angeblich auch mal ganz gern belästigt würden, die gibt es. Die haben dann sowas, das gar nicht ist, was es ist. Nämlich eine Meinung, die aber gar keine Meinung ist, sondern Dummheit.

Ansonsten verstehen selbst die rechtesten Idioten, dass Belästigung scheiße ist. Manche haben nur noch Schwierigkeiten mit der Zuordnung. Zurzeit gibt es zum Beispiel eine Kampagne namens *120 db*, in der identitäre Spinnerinnen behaupten, sexualisierte Gewalt wäre ein importiertes Problem. Die sind zum Beispiel Frauenrechtlerinnen, die gar keine Frauenrechtlerinnen sind, sondern einfach rechte Frauen.

Und ich verstehe, dass es schwer sein kann, die Realität zu akzeptieren, vor allem wenn die Realität scheiße ist. Und dass sexuelle Belästigung ein strukturelles Problem ist, das mit der Nationalität nicht viel zu tun hat, ist, wie es ist, und das ist schwer zu verstehen, das kann ich nachvollziehen.

Ich finde das ja selbst schwer zu akzeptieren. Und auch dass es so verdammt schwierig ist, sich angemessen zu wehren. Weil faktisch die meisten Übergriffe von Freunden und Bekannten kommen, weil man noch so mutig sein kann und vielleicht trotzdem in Schockstarre verfällt oder weil die Belästiger oft einfach stärker sind.

Oder weil man es unverhältnismäßig findet, jedem, der einen dumm anredet, direkt in die Fresse zu hauen. Oder weil der Staat das unverhältnismäßig findet.

Ich hab ein paar männliche Freunde, die scheinbar auch ganz große Schwierigkeiten damit haben, das zu akzeptieren. Denen erzähl ich von Übergriffen und dann denken die, das wäre nicht, wie es ist, sondern eher so wie die CSU oder Kalbsleberwurst. Aber sexuelle Gewalt ist eben keine Kalbsleberwurst! Wenn es Kalbsleberwurst wäre, dann wäre es ja leicht! Ich wünschte mir manchmal, die ganzen Deppen, die immer sagen: »Hättest du halt keinen kurzen Rock getragen!« hätten recht, denn dann wäre es so leicht. Dann könnte man einfach 'ne Hose anziehen und nachts zuhause bleiben und schon hätte man seine Ruhe. Aber es ist eben, wie es ist, und sexuelle Übergriffe passieren tagsüber und zuhause und auch in der Jogginghose, und man hat nie seine Ruhe.

Meine männlichen Freunde sind natürlich keine Deppen und sagen so etwas auch nicht, aber dass es ist, wie es ist, wollen sie trotzdem nicht glauben.

Und dann bekomm ich immer solche Tipps. Ich solle mir mal ein Messer kaufen. Oder einfach lernen, jemandem das Nasenbein mit nur einem Schlag ins Gehirn zu trümmern. Oder einfach die Bereitschaft ausstrahlen, notfalls zu töten.

Und ich versteh schon, dass es scheiße ist, 'ne Scheißrealität zu akzeptieren, aber das hilft ja nicht. Denn, dass ich nunmal Pazifistin bin, könnte man ja meinetwegen noch ändern, aber dass der Staat das dann immer gleich unverhältnismäßig findet, ist nun mal, wie es ist.

Also klar, danke, super Tipp! Wenn mir das nächste Mal jemand auf den Arsch langt, dreh ich mich einfach um und hau ihm sein Nasenbein ins Hirn.

Ich finde den Gedanken wirklich verlockend. Aber ich fürchte halt, dass ich relativ schnell im Gefängnis wäre, und dass das 'ne Lösung ist, wage ich ehrlich gesagt auch zu bezweifeln, weil man im Gefängnis bestimmt auch nie seine Ruhe hat.

Außerdem bin ich mir nicht so sicher, ob die Typen meine Bereitschaft, zu töten, dann richtig lesen könnten, weil die einfach so unwahrscheinlich schlecht im Zeichenlesen zu sein scheinen.

Wenn ich zum Beispiel nachts im Bus sitze und meine Tasche auf den Sitz neben mir werfe und meine Füße auf den Sitz vor mir stelle und Kopfhörer aufsetze und ein Buch lese und richtig grimmig gucke, dann denken die eigentlich nie: »Ah, die will bestimmt ihre Ruhe.«

Sondern die denken dann oft: »Guck mal, da hat jemand Kopfhörer auf und liest ein Buch! Außerdem guckt die so untervögelt. Na, wenn die nicht ganz klar das Bedürfnis danach ausstrahlt, meinen Penis zu sehen, dann weiß ich auch nicht!«

Und da wäre es wahrscheinlich fast ein bisschen unfair, wenn auch angemessen, wenn die zwei Sekunden später ihr Nasenbein im Hirn stecken hätten.

Seit Kurzem kann ich meine männlichen Freunde aber beruhigen, ich habe nämlich eine angemessene Möglichkeit gefunden! Ich studier jetzt endlich keine Geisteswissenschaft mehr, sondern was Praktisches, was mit Anwendung im echten Leben: Operngesang.

Und seit diesem Semester lernen wir da Fechten. Und Fechten, das find ich 'ne elegante Lösung. Das ist nicht so brutal wie die Sache mit dem Nasenbein und bestimmt auch nicht so illegal wie das mit dem Messer, und das kann auch nicht jeder. Denn mal ehrlich: Das mit dem Messer, das kann ja jeder, und das macht es gleich auch ein bisschen gefährlicher für mich, weil wenn ich das verliere, kann das ja auch der Typ verwenden, der angreift. Aber wenn ich meinen Degen verliere, kann der Angreifer damit gar nichts anfangen! Weil der ja zum Beispiel gar nicht weiß, welches Bein vorne sein muss oder in welcher Stellung die Glocke sein muss. Es sei denn, der hat auch Operngesang studiert. Aber da gibt es zum Glück voll die schwere Aufnahmeprüfung, deswegen passiert das nicht so oft.

So ein Degen hat auch den Vorteil, dass man ihn gleich sieht. So ein Messer muss man ja immer verstecken, aber der Degen ist total lang und der schleift dann immer so mit. Aber er ist trotzdem leicht zu tragen – eigentlich also das perfekte Accessoire für den Sommer! Und bestimmt trauen sich dann viel weniger Männer, mir ihren Penis zu zeigen, weil sie davon eingeschüchtert sind, dass mein Degen so lang ist.

Und weil ich glaube, dass man im Gefängnis auch nie seine Ruhe hat, würde ich damit auch keinen erstechen. Ich dachte da mehr an so 'ne *Inglourious Basterd*-Aktion.

Wenn mir also das nächste Mal jemand ungefragt an die Brüste fasst, springe ich mit dem richtigen Bein nach vorne und ritze ihm mit meinem Degen einen Penis auf die Stirn.

Oder eine Stirn auf den Penis!

Konrad

Wir befinden uns in einer Münchner S-Bahn. Draußen ist es heiß, im Inneren wenige Fahrgäste. In einem Abteil, nicht weit entfernt von mir, sitzen einsam zwei Männer. Der eine redet viel, der andere heißt Konrad. Dies ist die Geschichte einer großen traurigen Suche und einer großen traurigen Freundschaft.

»Konrad, I woaß nimmer weiter!«, sagt der Mann, der viel redet.

»Warum gibt's da in da Schui koa Fach, wo ma lernt: Wie tick'n Fraun?«, fragt der Mann.

Konrad sagt nichts.

»Konrad, konnst ma des sagn?«, fragt der Mann deshalb.

Wieder sagt Konrad nichts. Vielleicht will Konrad diesmal was sagen, aber der Mann redet einfach weiter:

»I bin jetzt fast fuffzig, Konrad!

Mir lafft die Zeit davo! Verstehst du des?«

»Das versteh ich«, sagt Konrad.

»I woaß doch a ned, wos i no macha soi!«, sagt der Mann.

Er ist fast fünfzig und ich habe den Verdacht, dass er nicht weiß, was er machen soll.

»I hob doch koa Zeit mehr ...«, sagt der Mann.

»Konrad!«, sagt der Mann.

Konrad sagt nichts, was den Mann, der viel redet, aber gar nicht stört, weil ihm gerade etwas anderes sehr Wichtiges eingefallen ist.

»Schau, Körperpflege, Konrad!«, ruft der Mann.

»Des is doch schon a mal a ersta Schritt, oder?«, fragt der Mann.

»Ja«, sagt Konrad.

Der Mann winkt ab und ruft: »Konrad, des san doch die Basics! Das wead doch heit scho vorausgesetzt, ha?«

»Stimmt«, sagt Konrad.

»Ich rasier mich, Konrad!«, schreit der Mann, »Ich achte auf mein Äußeres ...!«

Konrad sagt nichts. Vielleicht findet er nicht, dass der Mann besonders auf sein Äußeres achtet, oder ihm ist wie mir sein Dreitagebart aufgefallen.

»Mir lafft die Zeit davo! Mei, Konrad, mir sitzn doch im gleichn Boot!«

Konrad sagt nichts. Vielleicht schweigt er erstaunt.

»Mir miaßn aktiv wern, Konrad, glaubst ma des?«

Konrad sagt nichts. Vielleicht glaubt er ihm nicht.

»Mir ham doch koa Zeit mehr!«

»Ich bin aktiv«, sagt Konrad.

»Ja! Du bist aktiv, Konrad! Du bist aktiv!«, brüllt der Mann.

»Jetzt herst ma auf ...«, sagt der Mann.

Konrad hört ihm auf.

»I woaß doch a ned«, sagt der Mann und sieht sehr verzweifelt aus.

»Aber mir keena da net länger umanand sitzn und nix der!

Mir miaßn jetzt endlich a mal aktiv wern. Weil a liabs Madl ... Konrad, des is doch was wert! Oder?«, fragt der Mann.

Konrad sagt nichts. Vielleicht findet er nicht, dass ein liebes Mädchen was wert ist.

»Und woaßt wos?«, fragt der Mann.

Konrad sagt nichts. Vielleicht weiß er nichts.

»I bin mittlerweile froh! Froh, Konrad, dass die Melanie nimmer in meim Lebn is! I wach jedn Tag auf und gfrei mi, dass mir die Melanie nix mehr bedeit. Jeden Tag, Konrad! Die bedeit mir nix! I bin so froh, dass die weg is!«, sagt der Mann und sieht dabei nicht besonders froh aus.

»Du siehst nicht besonders froh aus«, sagt Konrad.

»Ja, i bin froh! Freilich bin ich froh!«, schreit der Mann.

»Aber Konrad ...«, sagt der Mann.

Konrad sagt nichts.

»Mir leifft die Zeit davo ...«, sagt der Mann.

Konrad sagt nichts.

»Warum hod ma des denn koaner gsagt, vor zwanzg Jahr?«, fragt der Mann.

Konrad sagt nichts. Vielleicht hat Konrad ihm das vor zwanzig Jahren gesagt.

»Konrad, i muaß doch ...«, sagt der Mann.

»Konrad ... Mei, Konrad, i woaß doch a ned. Konrad ...«, sagt der Mann.

Dann schweigen beide ein bisschen.

Nach einer Zeit sagt Konrad:

»Du, ich heiß fei eigentlich Korbinian.«

Akt IV

»Mephistopheles:
Nun, heute Nacht –?
Faust:
Was geht dich's an?«

(J. W. v. Goethe: Faust. Der Tragödie erster Teil.)

Mein Fe(e)tisch
Ein erotischer Text

Worauf ich denn stehe, wolltest du wissen,
nachdem du nun wirklich seit Wochen beflissen
um meine Gunst vergeblich geworben,
um meine Lust dir redliche Sorgen
und um meine Libido ernsthafte Zweifel
gemacht und bewogen hast, weil ich stets weiche
bei jedem Balzversuch deinerseits,
blieb unerweichlich auf jeden Reiz;
den du mir gesendet, so reich an der Zahl,
mal an-, mal or-, mal zum Glück nur verbal,
drum wüsstest du jetzt gern, woran das hier liegt,
dass der Jäger nicht über die Beute siegt,
der sich sonst an zahlreiche Bräute schmiegt,
dessen Preis so schwer an durchstoch'nen Häutchen
wiegt,
der jede Woche zu 'nem anderen Täubchen fliegt …
Da muss doch mit mir was wirklich verkehrt sein,
will ich von 'nem Hecht so wie dir nicht verehrt sein.

Und ja, mein Freund, es stimmt, du hast recht;
es liegt nicht an dir, dass ich nicht frenetisch
auf dir mit all den mir gegebenen Backen klatsche,
natürlich hab ich, nicht du, ein' an der Klatsche,
ich ... hab einen wirklich sehr speziellen Fetisch.

Denn ich,
ich steh auf ... Feministen,
Typen, die »und *innen!« rufen, wenn sie das hören,
und ich bezweifle, dass du, mein Freund, so einer bist,
denn
dann würde dich meine Ablehnung nicht gar so sehr
stören.

Kauf mir ruhig 'nen Drink, aber lass mich dir dieses
Geschäft erklären:
Du hast mir dann 'nen Drink gekauft,
nicht dir das Recht auf Geschlechtsverkehr.
Sei mutig und trau dich, was kaum einer kann,
mach mich heiß, sprich es aus und sag's wie ein Mann,
steh dazu, sag: »Ich bin Feminist.«
Dann wirst du wissen, was wahre Hingabe ist.
Weißt du, was mich schwach macht?
Wenn ein Typ mir zuhört und mich nicht unterbricht,
ich weiß, das ist krank, aber was mein Feuer entfacht,
ist, wenn er von Privilegien und Gleichberechtigung spricht.
Willst du mich in Unterwäsche nach dir rufend im Bette,
dann nenn mich zärtlich deine Suffragette!
Und willst du dann am letzten Bisschen Stoff zieh'n,
lies mir vor aus Margarete Stokowski!

Versprich mir kein Geld, denn ich nehm' dich nur hart,
versprichst du mir das Ende des Patriarchat!
Lass uns die Vorhäute alter weißer Männer zerreiben!
Und dann flüster's mir ins Ohr, während wir's darauf
treiben,
sag es mir dreckig, als wär es schon Wahrheit:
»Gleiche Bezahlung für gleiche Arbeit!«
Ah!

Fessel mich! Aber nicht mit deiner Erklärung der Welt,
mach mit mir das, was uns beiden gefällt!
Oh ja, das ist dirty, ich weiß, das ist ill,
aber ich steh drauf, wenn ein Mensch nur so weit geht,
wie er will.
Lass uns gleichberechtigt Händchen halten,
lass uns die politische Landschaft gestalten!

Baby, gib mir dreckige Namen
– zum Beispiel meinen eigenen,
es macht mich an,
wenn wir die Tatsache nicht verschweigen,
dass ich kein Mädchen mehr bin,
kein Mäuschen, kein Hase!
Und zuck nicht mit der Wimper,
hat eine dort Haare,
denn das, Darling,
das ist der Lauf der Natur,
also mach's mir im Busch,
vögel mir 'ne Frisur!

Was ich wirklich will, das ist richtig sick,
Und nein, die Antwort ist nicht »Dick Pic«.
Was ich will, ist gefährlich und skandalös und obszön,
Dude, ich will einfach nur so über die Straße gehen.
Und in meinen wildesten Träumen, da mal ich mir gern aus,
wie kein einziger Mann mir lasziv hinterherschaut,
wie niemand pfeift oder ruft oder fragt,
ob ich eigentlich schon einen «boyfriend« hab
oder ob ich verfügbares Frischfleisch bin,
mit dem ein Gespräch zu führen überhaupt Sinn
hat.

Aber du, ja, du Feminist, machst mich horny,
denn du siehst mich in meinem Beruf ganz weit ... vorne,
und wie du da putzt und wäschst und kochst
und noch nicht mal auf Belohnung hoffst,
wie du im Haushalt mithilfst wie ein richtiger Mann
und du siehst es noch nicht mal als Hilfe an,
denn du weißt, ja, du weißt, dass du hier auch wohnst
und dass man niemanden dafür belohnt,
dass er oder sie sein Haus sauber hält!

Und es nicht Aufgabe der Frau ist, wofür es kein Geld
gibt, und du machst mir ein Baby und dir gleichermaßen
und dann wirst du das Baby genauso bespaßen
und es wickeln und waschen und in Vaterzeit gehen
und auf gleiche Planungszeit wie ich bestehen,
denn du weißt, ja, du weißt, dass es auch dein Kind ist,
und ich werd mit dir schlafen, denn du bist Feminist.

Lass uns alle Stellungen durchprobieren,
bis wir gemeinsam zur Gleichstellung ejakulieren,
denn du weißt, ja, du weißt, dass auch Frauen Lust haben
und Sex nicht nur dafür da ist, um zu besamen,
was hörig und normschön unten liegt,
und schon beim Anblick deines Dings 'nen Orgasmus
kriegt.
Schenk mir nicht dein Glied und schenk mir keine Rose,
nein, wirf dich mit mir in dem Fetzen in Pose,
denn wenn ich das sehe, dann kratzt's mir im Schoße,
lass es uns tun in der lila Latzhose!

Bist du nicht nur Feminist, sondern auch intersektional,
dann
komm, komm, komm in mir – und nochmal!
Ich werd deine Libido lieblich verwöhnen,
ich werd in der Küche sein, doch nur um zu stöhnen,
wenn du mir erst das Essen und dann dich selbst
darbietest und lange genug durchhältst,
ich nehm' dich im Bett, im Museum, am Stehtisch,
denn du bist Feminist – und das ist mein Fetisch.

Plüschsessel

Plüschsessel.
   Plüüüüüsch-sesssssel.
   Das Weichste. Aufs Höflichste.
   gehen, geh-en, geh-EN, ge-hön, gehen.
   Nangala, nangale, nangalo, nangali, nangalu, nangalei,
nangalau!

Wittgenstein sagt:
   »Die Grenzen meiner Sprache bedeuten die Grenzen
meiner Welt.«
   Mein Bühnenpräsenzlehrer sagt:
   »Your body is eine Entscheidung.«
   Meine Sprecherziehungslehrerin sagt:
   »Versuchen Sie's nochmal: Plüschsessel. Und schön in
der Schiene bleiben! Plüschsessel.«

Ich sage:
   »Duach.«
   Ich sage:
   »Geh'n.«
   Ich sage »halt« und »gell« und »Grüß Gott« und »fei«.

Ich sage »Plüschsseßel«, wenn ich nicht aufpasse.

Und wenn ich »Aufs Höflichste« sage, verrutscht manchmal mein Kiefer.

Bruno aus meinem Semester sagt »wat« und »icke« und muss lachen, jedes Mal, wenn ich »duach« sage statt »duich« oder »fuachtbar« statt »furrrchtbar«.

Das, was da rauskommt aus meinem Mund,
das ist meine Sprache – meine ureigne Welt.
Jeder Laut, den ich forme, hat seinen Grund,
bildet Grenzen und Weite und das, was mich hält.
Jedes Wort, das ich spreche, hab ich so gelernt,
und verbind' damit Menschen und Bücher und Wissen,
das, was ich nicht mehr sage, hab ich selbst entfernt,
hab damit Erfahrungen aus mir gerissen.

In *My Fair* Lady singt Henry Higgins:
»Kann denn die Kinder keiner lehren, wie man spricht?«
Mein Stundenplan sagt:
Sprecherziehungslehre.
Ich sage:
»Na, aber ... ich spreche doch.«

Zu wissen, wie der Standard geht, das ist sicher richtig,
entscheiden zu können, woher man klingt,
ich seh' ein, für die Bühne ist Hochsprache wichtig,
dass man verstanden wird, wenn man spricht oder singt.

Zu wissen, was Leute denken, wenn sie dich hören,
sie täuschen zu können, das ist interessant,
den Sprachfluss nicht durch Dialekte zu stören,
entscheiden zu können, ob man durch Sprache erkannt,
zugeordnet und kategorisiert werden kann,
das – gebe ich zu –, das schadet wohl nicht,
doch es schadet bestimmt, wenn man dann
nicht zurückkehren kann zu dem, wie man eigentlich
    spricht.

Meine Münchner Freunde sagen:
    »Wir haben dich nie so bayerisch sprechen gehört.«
    Ich sage:
    »Woaßt, i hab's halt vermisst.«

Denn das, wie ich rede, das bin ich.
Was und wie ich was sage, das macht mich aus,
das charakterisiert, verändert und zeichnet mich,
und wenn ich es lasse, dann löscht es mich aus.
Ich bin, dass ich »Grüß Gott« sage, auch noch im Norden,
und mich gern kompliziert und geschwollen ausdrücke.
Durch meine Sprache bin ich erst zu mir geworden,
durch die Bücher, die ich gelesen hab, durch alle Stücke,
alle Filme und Szenen, die ich gesehen.
Ich bin, dass ich bayerisch rede, obwohl ich's kaum kann,
mit diesem leichten österreichischen Schlag,
weil ich aus Bayern stamme und man
mir nicht verbieten soll, so zu reden, wie ich halt mag.

Ich bin, dass ich Fremdwörter und Zitate verwende,
ich bin, dass ich Jugendsprache imitier',
ich bin, dass ich nuschle und nicht betone am Wortende,
dass ich »end gut« sage und »mia« statt mir,
dass ein -ig ein -ig ist für mich,
dass ich auch im Gesprochenen meistens gender',
und ein König ein König bleibt und halt kein Könich
und dass ich politisch inkorrekte Worte abänder'.
Das macht mich mit den Meinen gemein,
das verbindet mich mit Heimat, mit meiner Kultur,
denn Teil einer Familie oder aus München zu sein,
das zeigt sich im Ausweis – aber nicht nur.

Meine Sprecherziehungslehrerin sagt:
    »Am besten sprechen Sie ab jetzt immer so. Damit Sie
sich daran gewöhnen. Auch zu Hause.«
    Meine Großtante väterlicherseits hat immer gesagt:
    »DäSaupreißnausMingaBrauchtsgoarnedherkimmaha-
darawuarschtiduastassakruzefix.«
    Ich weiß auch nicht, was das bedeutet.
    Aber sie hat das immer gesagt!

Das, was da rauskommt, aus meinem Mund,
das ist meine Sprache, meine ureigne Welt.
Und jeder Laut, wie ich ihn bilde, hat seinen Grund,
der über mich und meine Herkunft Geschichten erzählt.
Meine Sozialisation, mein politischer Wille,
meine Bildung, mein Freundeskreis, all das wird zur Sprache,
selbst da, wo ich nicht spreche, ist dann die Stille
meine Stille und auch meine Sache.

Ich frag mich, wer das bestimmt,
wie man richtig spricht.
Wer sich das rausnimmt,
zu sagen: »Du stimmst so nicht.«

Mein Linguistikprofessor sagte:
    »Sprache ist ein Konstrukt und veränderbar.«
    Mein Mediävistikdozent sagt:
    »Nahtegal, sing einen dôn mit sinne
    mîner hôchgemuoten kuniginne!«
    Was ich damit sagen will, weiß ich nicht.

Alle englischsprachigen Serien spielen mit Akzenten,
alle komödiantischen Traditionen spielen mit Dialekt,
und während kein junger Mensch in deutsche Theater
    geht und die Opern verenden,
sprechen die Akteure dort zumindest perfekt.
Ich bin meine Sprache,
ich bin, was ich sage.
Nicht ausschließlich und nicht in jedem Fall,
aber dass Sprache zur Identität gehört, das gilt eigentlich
    überall.
Denn das, wie ich rede, das bin ich.
Was und wie ich was sage, das macht mich aus,
das charakterisiert, verändert und zeichnet mich,
und wenn ich es lasse, dann löscht es mich aus!
Verstehen Sie, sag ich,
es löscht mich dann aus!

Meine Sprecherziehungslehrerin sagt:

»Finden Sie nicht, dass Sie ein bisschen übertreiben?«

»Keine Ahnung«, sag ich, »Kannt scho' sei. Einen Versuch war's aber wert, oder? Also, wie nochmal?«

»Plüschsessel«, sagt meine Sprecherziehungslehrerin und lächelt, »Plüschsessel.«

»Plüschsessel«, sage ich.

Und dabei zischt mein S und mein Kiefer rutscht nach rechts.

Und damit bin ich – für heute – erst mal zufrieden.

Mein Freund und Vladimir Putin

Oder: Kunst

»Was machst du da?«, frage ich meinen Freund, der vor seinem PC sitzt und grünblinkende Buchstaben und Zahlen auf den Screen tippt.

»Kunst«, sagt er.

»Ich hab's befürchtet«, seufze ich.

Mein Freund ist jetzt Künstler. Und Vladimir Putin ist schuld daran.

Nun hat Putin meinen Freund natürlich nicht persönlich getroffen und als so freigeistig empfunden, dass er ihm dieses Prädikat verliehen hat, ich darf auch anmerken, dass »Künstler« sicher nicht das Erste ist, was jemandem einfallen würde, der meinen Freund kennenlernt. Auch nicht das Zweite, und wenn ich ehrlich bin, dann wäre ich doch recht überrascht, wenn überhaupt jemand darauf käme.

Mein Freund, den ich doch immerhin so sehr schätze, dass ich jetzt schon sieben Jahre lang mit ihm Dinge unternehme, die uns eindeutig als Pärchen auffliegen lassen, ist vielleicht sogar das Gegenteil von einem Künstler.

Man darf das jetzt nicht falsch verstehen: Ich habe nichts gegen meinen Freund! Ich liebe meinen Freund! Einige meiner besten Freunde sind ... mit meinem Freund befreundet! Aber ein Künstler ist dieser Mann nicht. Man sagt ja, Gegensätze würden sich anziehen. Wenn ich als eine Frau des Wortes gelten darf, so gilt mein Freund als ein Mann der Zahlen. Oder sagen wir einfach: Einige meiner besten Freunde sind acht Jahre lang mit ihm in eine Klasse gegangen und wissen nicht, wie seine Stimme klingt.

Das Schweigen meines Freundes ist keine Kunstperformance, mein Freund ist ganz einfach still. Er ist ein zurückhaltender Typ, der lieber zuhört, als selbst zu reden, worin wir uns tatsächlich hervorragend ergänzen, ich liebe es nämlich, wenn man mir zuhört. Besonders still ist mein Freund, wenn er die Leute noch nicht so gut kennt, und da sind acht Jahre wirklich keine Zeit! Mit mir redet er auch nur ganz selten. Mein Freund ist – wenn ich mein vollkommen objektives Urteil hier anbringen darf – ein ausnehmend schöner Mensch. Und trotzdem sieht man ihm an, was er beruflich macht. Mein Freund nämlich ist Informatiker.

Das bedeutet konkret, dass er in seiner Freizeit mit großer Freude Nerd-Dinge tut, er sitzt mit seinen Nerd-Freunden in einem dunklen Keller und zusammen coden sie ein bisschen, hacken ein wenig und wenn sie ganz besonders nerdy drauf sind, lösen sie hier und da im Wettlauf gegen die Zeit ein paar bunte Zauberwürfel.

Mein Freund kann den Zauberwürfel in unter zehn Sekunden lösen und das, obwohl er gar nicht so besonders lange in den Neunzigern aufgewachsen ist, nein, mein Freund ist einfach ein Nerd.

Ein ganz normaler Informatiker eben, einer, der am liebsten Kapuzenpullis trägt und unser WLAN mit einem so komplizierten Passwort versehen hat, dass ich es mir auf einen Zettel schreiben und an den Laptop kleben musste, was ihn, wenn er es wüsste, wiederum wahnsinnig machen würde.

All das macht meinen Freund zu einem phantastischen Problemlöser und einem intelligenten, praktisch denkenden Lebewesen, es macht ihn zu einem liebenswerten, wenn auch typischen Nerd, und meinetwegen zu einem besonders begabten Hacker, aber doch bitte nicht zu einem Künstler.

Bis vor Kurzem dachte ich auch, dass mein Freund das wüsste. Die Rollenverteilung in unserem Haushalt war ziemlich eindeutig geklärt: Er war der praktische, arbeitende, ein bisschen nerdige Informatiker, ich die chaotische, freigeistige, ein bisschen seltsame Künstlerin.

Unlängst hat sich allerdings einiges geändert. Genauer gesagt hat Vladimir Putin es geändert, indem er die russischen Hackangriffe auf Nachbarstaaten mit den Worten verteidigte, Hacker seien Künstler. »Die stehen morgens auf, und wenn sie in Stimmung sind, malen sie ein Bild oder starten einen Hackangriff.«

Das scheint meinem Freund imponiert zu haben und seitdem hält er sich für einen Künstler. Seine Arbeitsweise hat sich dadurch dramatisch verändert. Er braucht jetzt »Inspiration«, bevor er etwas ausrechnet oder sich entscheidet, durch welche Programmiersprache das Medium sprechen wird. Er macht auch mehr Fehler. Nicht, weil er nachlässiger geworden wäre, sondern weil er neuerdings findet, dass Fehler die Arbeit erst interessant machen und mit seiner ganz eigenen Handschrift versehen. Er arbeitet auch überhaupt nur noch, wenn er in Stimmung ist.

»Ohne Muse geht es eben nicht«, sagt er.

Aber auch meinen Freund selbst hat seine neue Identifikation verändert, was ebenfalls dramatisch ist.

Aus meinem stillen, praktisch veranlagten Freund ist ein exzentrischer Querdenker geworden, der bevorzugt in langen, froschgrünen Morgenmänteln durch die Wohnung schreitet und nachts laut seinen Quellcodetext rezitiert. Wenn es blöd läuft, fragt er mich nach meiner Meinung. Und wenn ich sage, dass für mich alles Programmierte gleich aussieht, ist er tief gekränkt in seiner verletzlichen Künstlerseele.

»Weißt du!«, ruft er dramatisch aus, »ich gebe da so viel von mir preis, weil das Coden so nah an mir als Mensch dran ist! Da bin ich einfach dünnhäutiger als andere!«

Er hat auch einen neuen Freundeskreis, jetzt, da er Künstler ist. Seine neuen Freunde und Freundinnen sind ebenfalls aus dem künstlerischen Sektor und sie treffen sich, um sich über ihre spirituellen Erfahrungen auszutauschen und sich in ihrer kreativen Arbeit zu vernetzen. In unserem Wohnzimmer meditieren nun ein mal die Woche ein Klempner, eine Kofferfachverkäuferin und eine Zahnärztin – für den Flow. Sie sagen, ich könne das nicht verstehen. Schreiben und Singen seien ja mehr handwerklicher Natur. Die Zahnärztin braucht zum Beispiel einfach ihren Freiraum, erklärt sie mir, während sie ihre Beine im Kopfstand zum Schneidersitz faltet.

»Ich kann da nicht einfach jedes Mal dieselbe Anzahl Zähne in der gleichen Anordnung einsetzen, das ist doch immer wieder ein individueller Schaffensprozess. Ich muss auch sehen, wie ich mich fühle und wie die Verbindung zum Patienten ist. Wenn ich mit jemandem nicht auf einer Aura bin, dann kann ich nicht einfach bis zur Wurzel bohren! Auch wenn das Wurzelbehandlung heißt, das schränkt mich total ein! Da bin ich sensibel.«

»Ich versteh total, was du meinst!«, pflichtet ihr der Klempner bei. »Ich hasse das, wenn die Leute einfach annehmen, ich könne mir auf Zeitdruck was aus dem Ärmel zaubern! Ich muss ja auch dahinterstehen, wie ich dann meine Rohre gereinigt habe. Für die Kunden ist das leichte Unterhaltung, klar, für die ist das 'ne Dienstleistung, aber ich gebe da ein Stück von meiner Seele in ihre Toiletten.«

Die vier werden ziemlich tiefsinnig, wie sie sich so austauschen.

»Das muss man erst mal verpackt bekommen«, schluchzt irgendwann die Kofferfachverkäuferin, »also, so emotional!«

»Achso?«, frage ich interessiert, »gibt es da 'ne Quote beim Verkauf? Also ich hab natürlich auch meine Gagquoten und Anschläge, wenn ich 'nen Text schreibe.«

Der neuberufene Künstlerzyklus schaut mich entgeistert an.

»Das war jetzt aber ziemlich unsensibel von dir, Schatz.«

»Entschuldigung«, sage ich betreten, »das ist halt 'ne ganz andere Welt für mich, Leute.«

»Na, das versteh ich ja auch nicht!«, schaltet sich der Klempner ein, »wie du da so völlig emotionslos deine Romane runterhacken kannst. Du kannst das echt so voll von dir als Mensch trennen, oder?«

»Klar! Das ist ja meine Arbeit, das hat ja nichts mit mir persönlich zu tun!«

Die Truppe schüttelt einheitlich den Kopf.

»Das könnt' ich ja nicht!«, murmelt die Zahnärztin.

Und ganz ehrlich: Ich verstehe sie. Klar würde ich auch lieber mein Hobby zum Beruf machen! Das ist sicher schön, wenn man bei der Arbeit seinen Gefühlen nachgehen kann, aber es können halt auch nicht alle Künstler werden, sonst würde die Gesellschaft nicht funktionieren. Irgendwer muss ja auch die billigen Slamtexte produzieren, die feministischen Menstruationsgedichte schreiben und die Drecksarbeit auf der Opernbühne machen.

Ich zucke ergeben mit den Schultern und schicke ein Stoßgebet zu Vladimir Putin, er möge meinen Berufsstand doch auch eines Tages in den Künstlerstand erheben.

»Ihr habt ja Recht! Es ist eine öde Tätigkeit«, gebe ich also zu. »Aber eine muss es ja machen.«

Akt V

»~~Nenn's Glück! Herz! Liebe! Gott!~~«

~~(J.W. v. Goethe: Faust. Der Tragödie erster Teil.)~~

*WTF? Ich zitier doch jetzt nicht auch noch im
letzten Akt Goethe, den alten weißen Mann ...
Das soll 'n fe(e)ministisches Buch sein!*

»Nimm hin mein Lied.
Vielleicht bringt es
das Lachen einst zurück.
Und wer es liest,
Der sagt: Ich seh's,
und meint damit das Glück.«

(Selma Meerbaum-Eisinger: Lied)

Platzen vor Glück

Da in mir, da bläst sich etwas auf,
wie ein roter Luftballon,
gefüllt mit Glühwürmchen oder Hummeln,
und bei jedem meiner Schritte steigt er höher hinauf,
sitzt mir im Hals und im Brustkorb und schummelt
sich in meinen Kopf und in mein Gesicht,
und wie ich auch hüpfe, er platzt einfach nicht!
Und ich muss singen und tanzen und glucksen und springen,
und zum gleichmäßigen Atmen muss ich mich zwingen.
Da in mir, da strahlt etwas überallhin,
und ich kann's euch kaum sagen: wie glücklich ich bin.

Kennst du das auch?
Ich mein, dieses Gefühl.
Dieses Ziehen und Schweben, so ganz ohne Ziel,
diese Spannung im Bauch,
dieses Lächeln im Mund,
das nach Weihnachten schmeckt und so süß ungesund?
Kennst du das, dass deine Augen feucht werden
und du könntest laut schluchzen und free hugs verteil'n?

Und du glaubst, du bist Hans im Glück, denn auf Erden
kann unter der Sonne kein glücklicherer Mensch als du sein?

Wenn das kommt, das Gefühl,
dann muss ich quietschen von selbst,
und die Luft in mich reinzieh'n,
sonst platz ich vielleicht!
Und es ist fast zu viel,
und es ist, was mich hält,
und ich will, dass es bei mir
für immer ausreicht.

Es ist das, was du gespürt hast, als du zum ersten Mal
ganz sicher wusstest: Jetzt bist du verliebt.
Und wer auch immer Objekt deiner Zuneigung war,
der oder die hat dich dann auch zurückgeliebt.
Es ist dieses warme Prickeln im Innern,
wenn irgendwer ganz genau das in dir sieht,
von dem du immer wolltest, dass man sich dran erinnert,
wenn man auch nur ein paar Worte über dich verliert.
Es ist das große, große, das ganze Glück,
wenn alles, wovon du geträumt hast, passiert,
es ist wahrscheinlich normal und es ist trotzdem verrückt,
dass gerade dich jetzt dieses Grinsen so ziert.

Da in mir, da wächst gerade ein Sommer,
ein Garten blüht da und ein Straßenfest steigt.
Und ich fühl mich betrunken und ich fühl mich benommen
und ich glaube, dass alles an mir auf dich zeigt
und dir Danke entgegenbrüllt.

Danke fürs Dasein, fürs Zeugewerden meines Glücks,
und ich fühl mich wie in dicke, heizungsgewärmte
kindheitsbehütete Tücher gehüllt,
nach dem Schaumbad im Winter,
ich fühl mich wie Nass-Sein,
wenn draußen die Sonne die Flüsse entrückt,
ich fühl mich wie in einem glitzernden Ballkleid
mit gläsernen Schuhen, wie Samt so weich,
ich fühl mich wie ein Licht, das sich in einen Wald reiht
von Engeln und Elfen im Wunderweltreich.

In meinem Kopfzimmer fliegt Konfetti durch die Luft,
und es sieht alles so aus wie auf den Instagrambildern,
und es gibt einen
Zuckerwattepopcornzimtmangofruchtduft –
nicht zu süß und doch zu süß, um es adäquat zu schildern.
Da in mir, da brennt jetzt ein Lagerfeuer,
an dem gemütlich gemeinsam gesungen wird,
da in mir heult der Wind mir ein Abenteuer;
bei dem mir garantiert nichts Böses passiert.
Da in mir krault mich eine liebende Hand,
und die Reise in ein unbekanntes Land beginnt,
und ich bin so im Einklang und ich bin so gespannt
und ich fühl mich wie ein zum ersten Mal
Schnee sehendes Kind!
Da in mir tobt eine Kissenschlacht,
und Kinder juchzen und schreien vor Spaß.
In mir bin ich vom Sonnenschein aufgewacht
und ich weiß gar nicht, wie, es ist alles so krass!
So – krass – schön!

Sag, kennst du das auch?
Das ist doch obszön,
dass man Worte gebraucht,
die in all ihrer Größe nicht annähernd meinen,
was dich so leicht macht und dich so scheinen
lässt, so strahlen, so alles im Glanze sehen!
Und du fühlst dich, als könnt' dich ein Windhauch
wegwehen,
und alles, ja, einfach alles macht Sinn,
und ich kann's euch nicht sagen, wie glücklich ich bin.

Und dann könnt' ich echt weinen und diesmal vor Demut.
Und ich kann es nicht glauben, sodass es fast wehtut.
Und ich möchte nur Danke, Danke,
Dankedankedankedankedankedanke sagen
und ich will nicht nach Göttern oder Schicksal fragen,
aber ich könnt' auf die Knie fallen,
so sehr bebt es in mir.
Ich könnt' ganze Hallen
mit Dank ausstaffieren!

Ich hätte nie geglaubt, dass jemand wie ich sich
eines Tages so glücklich fühlen könnte, so richtig.
In mir schwebt es und taumelt und lallt meine Seele
und ich will's dir ja sagen und kann's nicht erzählen,
wie in mir ich selbst mich beim Stagediving trage,
wie ich all meine kühnsten Träume keck wage,
wie in mir Reserven wachsen für Zeiten,
in denen der Ballon platzt und ich bei Weitem
nicht so auf das pfeife, was weniger gut ist,
wie jetzt, wo mein Selbstvertrauen sogar groß ohne Hut ist.

Und ich pfeife tatsächlich und summe auf das,
was nicht in mein Insta-perfekt-ist's-Bild passt.

Aber nur weil gerade ein Filter auf allem,
was ich seh' und erleb', liegt – mit dem Hashtag
»Gefallen« –,
heißt das nicht, dass es unecht wär', das ist real.
Das ist genau so echt wie Unglück, Depressionen und Qual.
Ich bin so echt glücklich, das ist der Superlativ,
ich bin höchstbeglückt und breit und tief
und ich könnte jetzt rennen und abheben dann
und den Hügel runterrollen mit Freudengesang!
Auf dem Boden liegen und die Welt um mich spüren
und mein Inneres mit der Schwingung im Raum
zusammenführen,
ich könnt' an alles glauben, von dem ich nie etwas wusste,
so sehr kam alles ganz genau so, wie es musste.
Und ich wünsch allen Menschen und dir ganz speziell,
dass auch ihnen die Welt eines Tages so hell
und so gut und so unwahrscheinlich durchdacht
wie mir jetzt gerade ein Glücksgeschenk macht.

Ich hab's nicht verdient, durch nichts, was ich tu.
Aber was mein Unglück betrifft, kann ich ja auch nichts
dafür.
Das ist nicht gerecht, das steht mir nicht zu,
und doch darf ich's genießen, und doch gehört's mir.

Da in mir, da schwebt, da lacht und da klingt es,
in mir reicht man Limonade zum Lieblingslied hin.
Und ich trink sie auf Ex und ich tanz', bis es finster ist,
und ich kann's euch nicht sagen: Wie glücklich ich bin!

Epilog im siebten Himmel
Danksagung

Im Dezember 2012 habe ich mich zum ersten Mal auf eine Slambühne gestellt. Seitdem ist Poetry Slam und alles, was dazugehört, nicht mehr aus meinem Leben wegzudenken. Ich habe dennoch sieben Jahre gebraucht, um mich an meine erste Textsammlung zu wagen – eine märchenhafte Zahl. Aber ich bin ja auch eine Fee, ein bisschen Märchen darf es schon sein. Und gerne jede Menge Theater!

Wer in diesem Buch sucht, findet vielleicht einiges über mich heraus. Vielleicht auch nur ein paar Rechtschreibfehler. Falls nicht, verdanken wir das Katrin Freiburghaus, meinem Germanistikstudium und natürlich meiner Lektorin Denise.

In diesen sieben Jahren, die ich meine Texte nun schon auf Bühnen vortrage, ist viel passiert. Ich bin erwachsen geworden in dieser Zeit. Ich habe neue Menschen und mich selbst kennengelernt, bin Wege gegangen und habe meinen gefunden, Träume sind wahr geworden, Komödien sind entstanden und ganze Dramen haben sich entsponnen.

Ein bisschen von all dem steckt zwischen diesen Texten.

In diesen sieben Jahren haben mich unheimlich viele Menschen begleitet und geprägt. Sie alle haben dazu beigetragen, dass dieses Buch nun existiert und mit einem

Text über Glück enden kann, und ich möchte ihnen danken. Für euch alle ist diese Textsammlung.

Alle Namen zu nennen, wäre unmöglich, ich will aber versuchen, möglichst viele davon in dieser Danksagung unterzubringen.

Danke, Anna-Katharina! Ohne dich hätte ich vermutlich weitere sieben Jahre gewartet!

Danke an Karsten und Lektora für das Vertrauen und fürs Möglichmachen!

Dieses Buch ist für meine Familie, für Malou, Victor und Philip – ihr seid meine Motivation und mein Herz. Für meine Mama, für Oma und Opa und für Timo, der die ganze Zeit über dabei war und mein siebter Himmel ist.

Es ist für all die Menschen in der Szene, die mich und mein Leben so wunderbar bereichert haben, für Bea, für meine Stützen, Alex, Frank, Sven, Katrin, Anja, für das beste Publikum, für Sieglinde und Kathi, für Vroni und Meike und Darryl, für Jule und Dominik und all die anderen wunderbaren Kolleg*innen, die zu Freund*innen geworden sind! Es ist für die Slam Alphas und die großartige feministische Arbeit, die wir gemeinsam leisten können!

Für Nathalie, die mich erst mit Poetry Slam infiziert hat. Für Maike, für Pia und auch für J., ohne den es nie so weit gekommen wäre.

Für Tabea, Teresa und Nadja. Für Daniela, Simon und Birgit. Für Anna. Und natürlich besonders auch für Marion.

Danke an alle Lehrer*innen, Dozent*innen und Workshopleiter*innen, die mich über die Zeit bestärkt, gefördert, inspiriert und begleitet haben. Insbesondere Dank an dich, Andreas M., an S. Richtmann und natürlich an M. May, W. Hettche und U. Schwab!

Danke an Stefan und Renate und an die Lieblingsklasse.

Dieses Buch ist selbstverständlich auch für Dr. Bumillo, den zweifelsfrei besten Workshopleiter Bayerns. Und für alle, die mich eingeladen und gefördert haben, mit speziellem Dank an Ko! Für alle, die mir Chancen geben und nach wie vor an mich glauben.

In diesem Zuge Danke an Tanja und Melanie und Michael.

Ganz besonders ist dieses Buch für all diejenigen, die zu meinem märchenhaften Glück beitragen und beigetragen haben. Für Tanja und Hartmut, für mein unglaubliches Semester, Bruno, Maria, Rory, Julia, Georg, Fermin und Adam, für Jana und Moritz und auch schon für Joni, für alle meine wahrhaft großartigen Dozent*innen, für Frau Schäfer und Frau Rosié, die mir nicht nur beigebracht hat, wie man »Plüschsessel« richtig ausspricht, für Bernarda und Natalia, Patrick und Dorota. Und für Frau Dasch! Für Konstantin! Für Cynthia, Frieda, Luzia, José, Andrea, Jeeyoung, Janneke, Birita und la mia Sonja. Für Johannes und Sophia. Und für jeden Jonathan, den ich kenne! Für Marlene und Hetti und Nora. Für Magda, Laura und Emilia. Für Jazz und meine Seelenschwester Katharina. Für Berlin!

Dieses Buch ist für alle, die etwas von sich wiederfinden in den Texten. Dieses Buch ist für dich.

Danke!

Bei Lektora erschienen

Josephine von Blueten Staub

Nachtschattengewächse

Menschen, die aneinander vorbeireden und sich einsam fühlen, die zwischen düsteren Häuserschluchten und berauschenden Exzessen verloren gehen; Ausgegrenzte, die an der eigenen Unzulänglichkeit verzweifeln; unglückliche Paare und weintrinkende Katzen – davon handeln die Kurzgeschichten und Bühnentexte dieses Buches. »Nachtschattengewächse« zeigt schonungslos ehrlich die Abgründe einer unbarmherzigen Welt, in der Außenseiter die tragischen Helden sind. Feinfühlig seziert Josephine von Blueten Staub zwischenmenschliche Beziehungen und beleuchtet mit eindringlicher Sprache die Schattenseiten unserer Zeit.

»Die Welten, die Josefine in ihren Geschichten auferstehen lässt, scheinen immer ein kleines Stück von der Wirklichkeit abgerückt. Wischt man die Worte beiseite, kommt eine luzide Melancholie zum Vorschein. Jeder Text ein kleiner Rausch.« (Airen)

»Rastlos und pulsierend wie die Großstadt!« (Sonia Rossi)

»Wie gut Josephines Sprachgefühl ist, habe ich daran gemerkt, dass ich immer dachte, ihr Texte würden sich reimen.« (Lars Ruppel)

ISBN 978-3-95461-130-0
12,90 Euro

www.lektora.de

Bei Lektora erschienen

Friedrich Herrmann

Notizen eines Linkshänders

Die Geschichte eines Teppichs«, »Die Knisterfolie des Grauens« oder »Der kleine Junge mit den Streichhölzern«: Friedrich Herrmann vereint die Texte seiner ersten Jahre als Slam-Poet in diesem Band. Ähnlich wie ein Märchenbuch verzaubert Herrmann seine Leser*innen mit bildhafter Wortspielerei, bricht in sie ein mit der wohl-bekannten Moral von der Geschichte. Jeder Text wurde in detaillierter Handarbeit mit Tuschezeichnungen durch seinen Bruder illustriert. Prädikat besonders wertvoll!

Gloria, oh Gloria!
In deine Wangen schießt die Glut.
Sinnlich drehst du dich zu mir
Und ich sag: »Tschüss, mach's gut.«
Ich schwing mich auf mein Fahrrad
Und radele davon,
Ein Arsch auf nassem Sattel,
Und bereue es da schon.

ISBN 978-3-95461-142-3
12,90 Euro

www.lektora.de